„Bücher sind wie Fallschirme. Sie nützen uns nichts, wenn wir sie nicht öffnen."

Gröls Verlag

Redaktionelle Hinweise und Impressum

Das vorliegende Werk wurde zugunsten der Authentizität sehr zurückhaltend bearbeitet. So wurden etwa ursprüngliche Rechtschreibfehler regelmäßig *nicht* behoben, denn kleine Unvollkommenheiten machen das Buch – wie im Übrigen den Menschen – erst authentisch. Mitunter wurden jedoch zum Beispiel Absätze behutsam neu getrennt, um den Lesefluss zu erleichtern.

Um die Texte zu rekonstruieren, werden antiquarische Bücher von Lesegeräten gescannt und dann durch eine Software lesbar gemacht. Der so entstandene Text wird von Menschen gegengelesen und korrigiert – hierbei treten auch Fehler auf. Wenn Sie ebenfalls antiquarische Texte einreichen möchten, finden Sie weitere Informationen auf www.groels.de

Viel Freude bei der Lektüre wünscht Ihnen das Team des Gröls-Verlags.

Adressen

Verleger: Hermann-Josef Gröls,

Im Borngrund 26, 61440 Oberursel

Externer Dienstleister für Distribution & Herstellung:

BoD, In de Tarpen 42, 22848 Norderstedt

Unsere „Edition | Werke der Weltliteratur" hat den Anspruch, eine der größten und vollständigsten Sammlungen klassischer Literatur in deutscher Sprache zu werden. Nach und nach versammeln wir hier nicht nur die „üblichen Verdächtigen" von Goethe bis Schiller, sondern auch Kleinode der vergangenen Jahrhunderte, die – zu Unrecht – drohen, in Vergessenheit zu geraten. Wir kultivieren und kuratieren damit einen der wertvollsten Bereiche der abendländischen Kultur. Kleine Auswahl:

Francis Bacon • Neues Organon • **Balzac** • Glanz und Elend der Kurtisanen • **Joachim H. Campe** • Robinson der Jüngere • **Dante Alighieri** • Die Göttliche Komödie • **Daniel Defoe** • Robinson Crusoe • **Charles Dickens** • Oliver Twist • **Denis Diderot** • Jacques der Fatalist • **Fjodor Dostojewski** • Schuld und Sühne • **Arthur Conan Doyle** • Der Hund von Baskerville • **Marie von Ebner-Eschenbach** • Das Gemeindekind • **Elisabeth von Österreich** • Das Poetische Tagebuch • **Friedrich Engels** • Die Lage der arbeitenden Klasse • **Ludwig Feuerbach** • Das Wesen des Christentums • **Johann G. Fichte** • Reden an die deutsche Nation • **Fitzgerald** • Zärtlich ist die Nacht • **Flaubert** • Madame Bovary • **Gorch Fock** • Seefahrt ist not! • **Theodor Fontane** • Effi Briest • **Robert Musil** • Über die Dummheit • **Edgar Wallace** • Der Frosch mit der Maske • **Jakob Wassermann** • Der Fall Maurizius • **Oscar Wilde** • Das Bildnis des Dorian Grey • **Émile Zola** • Germinal • **Stefan Zweig** • Schachnovelle • **Hugo von Hofmannsthal** • Der Tor und der Tod • **Anton Tschechow** • Ein Heiratsantrag • **Arthur Schnitzler** • Reigen • **Friedrich Schiller** • Kabale und Liebe • **Nicolo Machiavelli** • Der Fürst • **Gotthold E. Lessing** • Nathan der Weise • **Augustinus** • Die Bekenntnisse des heiligen Augustinus • **Marcus Aurelius** • Selbstbetrachtungen • **Charles Baudelaire** • Die Blumen des Bösen • **Harriett Stowe** • Onkel Toms Hütte • **Walter Benjamin** • Deutsche Menschen • **Hugo Bettauer** • Die Stadt ohne Juden • **Lewis Caroll** • *und viele mehr....*

Das Pfarrhaus von Skalunga

Elsa Beskow

(Pseudonym Runa)

Erzählung

1926

1.

Überwältigend schön war die Lage des Pfarrhofes von Skalunga. Eine lange Bergwand stieg vom Fluß in der Tiefe bis zu den Wolken empor, und hoch oben nahe dem Gipfel, oberhalb des Dorfes und seiner schlichten Kirche lag das Pfarrhaus. Der Weg zu ihm hinauf war steil, vom Dorfe zu seinen Füßen an geradezu abschüssig.

An die Bergwand gelehnt, erhob sich hinter der Kirche und dem Pfarrhofe das Wohnhaus, dessen Grund sich etwa in gleicher Höhe mit dem Kreuz auf der Kirchturmspitze befand.

Es war ein wetterfestes Gebäude, geräumig und wohnlich; als es erbaut wurde, hatte der Boden in jener damals dünn bevölkerten Gegend nichts gekostet, und Bauholz gab es im Überfluß in den Siebenmeilenwäldern rings umher. Ein geräumiges Wohnhaus war in diesen Bergen allerdings notwendig, damit der Pastor Reisende beherbergen konnte; denn es war weit bis zum nächsten Gasthof. Jetzt war die Gegend dichter bevölkert, das Land besser bestellt, und das Dorf um die Kirche hatte sich bedeutend vergrößert. Es gab sogar ein Wirtshaus dort, so daß man die Gastlichkeit des Pfarrhauses weniger in Anspruch zu nehmen brauchte.

Von seinen Fenstern hatte der Pastor die Aussicht auf seine Kirche und die Hälfte seiner weit ausgedehnten Gemeinde. Wenn er deren andere Hälfte überblicken wollte, mußte er den steilen Abhang hinaufsteigen, der oberhalb seines Hauses nach dem Skalungaer Höhenzug führte. Hier oben bot sich eine weite und großartige Aussicht. Nach allen Richtungen Wald, – soweit das Auge reichte, ernster, ewig grüner Nadelwald. Ein reißender Strom schlängelte sich als weißes Band durch all das dunkle Grün hinab. Von der Höhe aus sah man viele Stromschnellen, die aber sehr weit auseinanderlagen. Von hier oben, aus dem Fenster betrachtet, schienen sie still zu liegen, wie wild auch die Wassermassen schäumten. Doch an stillen Tagen konnte man auch hier ihr Getöse ganz schwach vernehmen, wie es sich mit dem Brausen näherer kleinerer Ströme vermischte. Denn hier und da, vom Walde verborgen, eilten sie in zerklüfteten Felsenbetten aus der sprudelnden Quelle und den kleinen Seen hinab, um ihren langen Sehnsuchtsweg dem Meere entgegengeführt zu werden.

Obgleich Skalunga nur eine Filialgemeinde war, hatte es doch eine große Kirche, und deren Schatz war ein alter Altarschrein, der während des Dreißigjährigen Krieges irgendwo in Deutschland „gerettet" worden war. Sonst hatte sie wenig Schmuck.

Gelegentlich kamen Touristen, angelockt durch den großartig schönen Weg, aus bewohnterer Gegend nach Skalunga, dann begehrten sie, die Aussicht von den Höhen und den Altarschrein zu sehen. So kamen auch eines Tages drei Damen herauf. Es waren die Baronin Furuclou mit ihrer Tochter Helwig und ein Fräulein Borg, die Mutter und Tochter in dem Gasthaus kennen gelernt hatten, wo sie zusammen während des Sommers wohnten.

Da sie schon vier Stunden gefahren waren, freuten sie sich, nun das Fuhrwerk verlassen zu können. Sie hatten Mundvorrat mitgebracht und bestellten im Gasthof Kaffee zu ihrem Butterbrot.

Als sie sich gestärkt hatten, gingen sie hinauf, um sich die Kirche anzusehen. Diese war verschlossen, da es Wochentag war; man sagte ihnen aber, daß sich der Schlüssel im Pfarrhaus befände.

„Fräulein Borg und ich werden hier warten, wenn du nach dem Schlüssel hinaufgehen willst," sagte die Mutter zu ihrer Tochter.

Helwig ging.

Es war niemand in der Nähe des Pastorats zu sehen, darum trat sie in den Hausflur ein, der geräumig und leer war. Helwig klopfte an der ersten Tür zur Rechten. Niemand antwortete. Aber die Tür war nicht verschlossen, als sie den Griff niederdrückte. Sie blickte in ein großes Eckzimmer. An dem einen Fenster stand ein plumper Schreibtisch voller Papiere und Bücher, an den Wänden befanden sich Bücherständer, ein Sofa und einige Stühle. Helwig hielt es für des Pastors Arbeits- und Studierzimmer.

Während sie noch in der Tür stand, unentschlossen, ob sie ihre Entdeckungsreise fortsetzen sollte, kam ein untersetzter, kräftig gebauter Mann aus einem angrenzenden Zimmer. Er hatte grobe Kleider an. Sein ungewöhnliches Gesicht zeigte derbe Züge. Das aufwärtsstrebende, dicke Haar war dunkel rotbraun, das Gesicht sommersprossig, aber frisch und sonnenverbrannt.

Als er die junge Dame in der Tür erblickte, zog er die Hände aus den Joppentaschen, verbeugte sich kurz und lächelte leicht. Vielleicht ahnte er, daß es ihr zweifelhaft war, ob er der Pastor selber oder dessen Knecht sei. Wie dem auch sein mochte, er machte Eindruck auf sie. Es war etwas urwüchsig kraftvolles an ihm, und dies gefiel ihr, da sie für alles Ungewöhnliche empfänglich war.

„Ich möchte um den Kirchenschlüssel bitten. Wir wollen uns gern die Kirche ansehen, und man hat uns hierhergewiesen.“

Der Mann nahm einen gewaltigen Schlüssel von der Wand und reichte ihn ihr.

„Sie können ihn dann stecken lassen. Ich muß doch nachher bald hingehen,“ sagte er.

„Ist es Ihnen nicht bedenklich, den Schlüssel Fremden so ganz zu überlassen? Wir könnten doch etwas stehlen,“ scherzte sie.

„Der Altarschrein ist zu schwer, und etwas anderes gibt es nicht zu stehlen.“

Da nahm sie den Schlüssel und ging, immer noch in Ungewißheit, ob sie den Pastor oder dessen Knecht getroffen habe. Es kam ihr vor, als deute sein Aussehen auf letzteres, sein sicheres Auftreten aber auf ersteres. –

Die Damen besahen die Kirche, ließen den Schlüssel stecken und stiegen dann auf die Höhe, um die Aussicht zu betrachten.

Als sie an das Pastorat kamen, zögerte die Baronin.

„Hier wird es furchtbar steil. Ob ich nicht lieber hier bleibe und euch allein weitergehen lasse? Wir treffen uns dann wieder, wenn ihr zurückkommt.“

Fräulein Borg meinte auch, daß es wohl so am klügsten wäre, aber Helwig war anderer Ansicht.

„Du wirst es hinterher bereuen, wenn du nicht mitkommst, Mutterchen. Die Leute werden dich fragen, ob du auf der Höhe warst, und dann sagen, daß du nichts von Skalunga gesehen hast. Dann werden wir uns so ärgern, daß es besser ist, wenn du dich jetzt anstrengst."

Helwig sprach lebhaft und faßte liebevoll der Mutter Arm, um ihr beim Aufstieg behilflich zu sein.

Die Baronin gab lächelnd nach. Ihrem Töchterchen gegenüber war sie sehr schwach. Sie war stolz auf sie und hatte auch Grund dazu, wenigstens was das Äußere betraf. Helwigs Gestalt war schlank und schmal um die Hüften. Sie bewegte sich lebhaft, aber mit einer natürlichen, feinen Würde. Ihr längliches Gesicht mit den mandelförmigen Augen und dem griechischen Profil war schön. Die schmalen, gebogenen, meist leicht getrennten Lippen hatten einen stolzen, etwas spöttischen Ausdruck, und das Kinn deutete auf Willensstärke. Das dunkle Haar war weder üppig, noch lockig, aber wohlgepflegt und hübsch aufgesteckt, so daß die vornehme Form des Kopfes voll zur Geltung kam. Ausdruck und Haltung zeugten von regem geistigen Leben, aber auch Sehnsucht und Unruhe lag in der Tiefe der blauen Augen, die dank den dichten Augenwimpern dunkler aussahen, als sie waren. Die Farbe der warmen, reinen Gesichtshaut wechselte häufig, gewöhnlich aber war sie gerötet, beinahe etwas hektisch, und die roten Lippen konnten bei jeder auch nur geringen Gemütsbewegung erbleichen.

„Ach, ist es nicht Lohn genug für alle Mühe, hier oben zu stehen!" rief Fräulein Borg begeistert aus.

Ausnahmsweise stand Helwig schweigend da. Die Erhabenheit der weiten Aussicht wirkte beklemmend, fast beängstigend auf sie. Dann machte sie eine eigentümliche Beobachtung: es schien ihr dies alles bekannt zu sein, und doch wußte sie, daß sie es zum ersten Male sah. Es war ihr, als hätte sie schon früher hier gestanden und das Kreuz auf dem Kirchturm blinken sehen. Sie blickte darauf hinab und meinte doch, es wäre hoch über ihr. Dies Gefühl war ihr neu, und doch hatte sie die Empfindung, als hätte es lange in ihr gelegen, um ihr erst jetzt zum Bewußtsein zu kommen. Was bedeutete das? War sie früher einmal im Traum hier gewesen?

„Ist es nicht Zeit, hinunter zu gehen? Wir haben einen weiten Heimweg, und die Pferde werden auch lange genug ausgeruht haben," sagte die Baronin endlich.

Zwar war sie entzückt von ihrem Ausflug, aber sie fing jetzt doch an, sich nach der gemütlichen Pension und nach der Abendmahlzeit zu sehnen. So stiegen sie bergab.

Noch waren sie nicht weit gegangen, als die Baronin stolperte und fiel.

„Mutter!" schrie Helwig auf.

Aber sie erhielt keine Antwort. Die Mutter lag unbeweglich, und als sich das junge Mädchen ängstlich über sie beugte, sah sie, daß sie das Bewußtsein verloren hatte.

„Bleiben Sie hier. Ich laufe nach Hilfe hinunter ins Pastorat," sagte Fräulein Borg.

Helwig war aufs tiefste erschrocken und stand wie gelähmt neben ihrer Mutter. Sie wagte nicht, sie anzurühren; denn sie wußte ja nicht, wo sie verletzt war, und hätte daher den Schaden leicht verschlimmern können.

„Mutter, Mutter!" jammerte sie und setzte sich auf den Boden dicht neben sie.

Behutsam nahm sie ihr den Hut ab und streichelte zaghaft das blasse Gesicht. War es wohl ein Vorgefühl hiervon gewesen, was sie so ängstlich gemacht hatte, als sie dort auf der Anhöhe stand? Sie dachte daran, daß die Mutter beim Pastorat bleiben wollte und nur auf ihr Zureden mitgegangen war, und diese Erinnerung schnitt ihr ins Herz!

Es schien Helwig eine Ewigkeit zu vergehen, ehe Hilfe kam; aber endlich stellte sie sich doch ein. Es war der Pastor und sein Knecht. Sie trugen eine einfache Bahre. Fräulein Borg ging vor ihnen her.

Der Mann mit den markigen Gesichtszügen beugte sich, als er die Bahre niedergesetzt hatte, über Helwig, die in ihrer Trostlosigkeit auf der Erde saß, und half ihr aufstehen.

„Mut!" sagte er und sah ihr fest in das blasse Gesicht.

Es kam ihr vor, als ginge eine Kraft von ihm aus. Matt stützte sie sich auf ihn, selbst als sie wieder auf den Füßen war. Sie zitterte so, daß sie kaum stehen konnte.

Er überließ sie Fräulein Borg und beugte sich über die Verletzte, deren Bewußtsein allmählich wiederkehrte. Nach einer kurzen, aber augenscheinlich sachkundigen Untersuchung glaubte er feststellen zu können, daß der Hauptschaden in einem Oberschenkelbruch dicht unterhalb der Hüfte bestand. Er verschwieg, daß es ein schwerer Bruch sei, der lange Zeit zur Heilung brauchen würde.

Mit Hilfe des Knechts versuchte er, die Verletzte auf die Bahre zu heben, doch wollte er ihr nicht mehr Schmerzen machen, als durchaus notwendig war. Er blickte Helwig prüfend an:

„Wenn Sie sich an jene Kiefer lehnten, könnten Sie allein stehen," sagte er in freundlich bestimmtem Ton zu ihr und rief gleichzeitig Fräulein Borg mit einem Blick zur Hilfe herbei.

„Kann ich nicht auch helfen?" fragte Helwig mit einem heldenmütigen Versuch, sich aus ihrer Schwachheit aufzuraffen.

„Seien Sie nur mutig!" antwortete der Pastor.

Daß der untersetzte Mann mit den grobgeschnittenen Gesichtszügen der Pastor war und der andere sein Knecht, begriff Helwig jetzt; sie empfand es unwillkürlich, trotzdem sie so von Angst erfüllt war.

Das Geschick war bisher sanft mit Helwig umgegangen. Derartige Schläge war sie nicht gewohnt, und darum war sie jetzt so fassungslos. Als die Mutter stöhnte, während sie auf die Bahre gehoben wurde, konnte Helwig sich nicht mehr beherrschen, sie fing auch an zu jammern. Trotz ihrer Angst merkte sie aber doch, was für eine klägliche Rolle sie spielte, während die anderen so gefaßt waren, und die Vorstellung quälte sie, welchen Eindruck ihr Benehmen machte.

Als die Verletzte glücklich auf der Bahre lag, trugen die beiden Männer sie so vorsichtig wie möglich den Abhang hinunter.

Helwig folgte ihnen, indem sie sich auf Fräulein Borg stützte.

„Daß ich so eine Memme bin!" murmelte sie.

„Das ist kein Wunder," meinte Fräulein Borg tröstend.

Die Bahre wurde in das Pastorat in ein großes Eckzimmer getragen, wo ein frisch zurechtgemachtes Bett stand. Dort erwartete sie eine kleine, einfache Bauersfrau. Wer sie war, erfuhr Helwig, als der Pastor sie mit „Mutter" anredete.

Selbst sie unterlag jetzt der ruhigen Bestimmtheit seiner Anweisungen und gehorchte ihm so flink wie die beiden anderen.

Der Pastor tat gerade, als wäre er ein Arzt. Er schien genau zu wissen, was zu tun war. Ohne Zaudern handelte er, aber auch ohne Überstürzung, alles machte er ruhig und gut. Seine Anordnungen waren kurz und bündig, aber deutlich genug. Helwigs Hilfe nahm er nicht in Anspruch, dagegen wandte er seine Aufmerksamkeit auch ihr zu, wenn sie schwankte und Hilfe brauchte. Sie sah auch, daß er alles, was für die Verletzte getan werden konnte, aufs beste machte, und das gab ihr allmählich die Ruhe zurück.

Als die Mutter im Bett lag, das gebrochene Glied in der richtigen Lage, und alles zur Linderung getan war, saß Helwig wie in einem bösen Traum daneben. Dazu hatte nun der Ausflug dieses Tages geführt! Wenn sie nur nicht darauf bestanden hätte, daß die Mutter mit auf die Höhe käme, dann wäre dies nie geschehen!

Jemand berührte ihren Arm. Als sie den Kopf wandte, stand die kleine Bauersfrau, des Pastors Mutter, neben ihr.

„Kommt und eßt was!"

„Ich kann nicht essen!" antwortete Helwig mit bebenden Lippen.

„Ihr müßt!" nötigte die alte Frau freundlich.

Aber Helwig schüttelte nur den Kopf.

Da blickte des Pastors Mutter sie einen Augenblick unschlüssig an und ging dann hinaus.

Helwig glaubte, daß der Versuch, sie zum Essen zu bewegen, aufgegeben wäre, aber darin irrte sie sich. Die Wirtin war keineswegs entmutigt worden, sondern ging nur, ihren Sohn zu holen. Bald darauf erschien seine untersetzte Gestalt in der Tür. Festen Schrittes trat er in der ihm eigenen schroffen und doch Vertrauen einflößenden Art zu Helwig und bot ihr den Arm; sie sah ihn abweisend an. Da faßte er ihren Arm und zog ihn unter den seinen.

„Kommen Sie!" sagte er nur.

Da fühlte sie seine überlegene Kraft und folgte ihm.

Er führte sie in das anstoßende Gemach. Es war ein gewaltig großer Raum mit vier Fenstern. Das eine Ende des großen Tisches in der Mitte war gedeckt. Fräulein Borg hatte eben gegessen und erhob sich jetzt, um in das Krankenzimmer zu gehen und dort Helwigs Platz einzunehmen, während diese aß.

Als der Pastor Helwig an den Tisch gesetzt hatte, blieb er neben ihr stehen. Seine Mutter brachte eben warmes Essen aus der Küche.

„Ich kann nichts essen," erklärte Helwig.

„Versuchen Sie," sagte der Pastor kurz.

Es lag eine wunderbare Kraft in seiner Ruhe und in den knappen Worten, eine Kraft, der Helwig nicht widerstehen konnte.

Sie gehorchte ihm und versuchte zu essen. Es ging wirklich. Sie entdeckte sogar, daß sie hungrig gewesen sein mußte.

Während sie nun aß, wurde ihr die ganze Lage klar.

Die Mutter war verletzt, aber, wie es schien, nicht lebensgefährlich. Sie hatte Schmerzen, aber sie war doch wieder bei Bewußtsein und schien nicht so krank, daß man irgendwelche Befürchtungen für ihr Leben haben mußte. Helwig fing an, sich wieder aus der hoffnungslosen Verzweiflung aufzuraffen, die ihr zuerst die Besinnung geraubt hatte. Aber wenn es auch nicht so schlimm war, wie es hätte sein können, so war es doch traurig genug.

Sie blickte zum Pastor auf, der noch neben ihr stand.

„Wie werde ich meine Mutter von hier fortbringen können?"

„Das geht nicht."

„Aber – – es muß gehen. Wie sollte es sonst werden?"

„Sie müssen hier bleiben."

„Hier bleiben?" rief Helwig aus, als wäre das unmöglich.

„Warum nicht?"

„Hier in der Einöde, ohne einen Arzt in der Nähe? Und ohne alle Bequemlichkeiten? Mutter, die es ganz anders gewohnt ist!"

„Wir werden es ihr so behaglich wie möglich machen. Der Arzt kann morgen beizeiten hier sein."

Helwig kam alles unwirklich, wie ein Traum vor. War es möglich, daß sie, die nur einen Tagesausflug in diese weltferne Gegend hatten machen wollen, hier bleiben mußten?

„Ich glaube nimmermehr, daß Mutter das will," sagte sie.

„Ich fürchte, sie wird müssen," entgegnete der Pastor.

Helwig blickte den Pastor wieder an. Wie machtvoll war sein Gesicht, und wie bestimmt waren seine ruhigen, kurzen Äußerungen! Er kam ihr vor wie ein unvermeidliches Schicksal. Sie sträubte sich aber doch.

„Wir können nicht bleiben!" erklärte sie aufsässig.

Diesmal antwortete er nicht, aber es trat ein Ausdruck in seine Augen, als wäre sie ein Kind und täte ihm leid. Es lag nichts Vorwurfsvolles oder Geringschätziges darin, aber doch stieg ein Gefühl der Beschämung in ihr auf.

„Wir haben alle unsere Sachen in der Pension, wir haben nichts hierher mitgebracht. Wir wollten doch nicht einmal über Nacht bleiben," klagte sie, und es war ihr selbst dunkel bewußt, wie kleinlich diese Klage eigentlich war im Vergleich zu dem Schlag, der sie getroffen hatte.

„Die Sachen können geholt werden."

Das könnten sie wohl. Das war ja so einfach. Er nahm es alles so, wie es war; aber ihr wurde es schwer.

„Wollen Sie Ihr Bett drinnen bei Ihrer Mutter haben, oder soll es in der Stube nebenan stehen?" fragte er.

Sie war unschlüssig.

„Mutter muß natürlich jemand bei sich haben, aber ich bin die Krankenpflege gar nicht gewohnt, – – ich fürchte, ich kann es nicht. Wenn wir hier bleiben, müssen wir eine Pflegerin haben."

„Hier im Dorf ist eine tüchtige, zuverlässige Frau. Nicht ausgebildet, aber mit einer natürlichen Anlage. Wenn es nötig ist, hilft sie mir bei meinen Kranken. Sie könnte nachts hier sein."

„Kann sie schon diese Nacht kommen?"

„Ich will mich erkundigen. Ich glaube es wohl."

Helwig ging nun zu ihrer Mutter, um mit ihr zu beraten. Die Baronin freute sich zwar nicht über die Aussicht, in Skalunga bleiben zu müssen, sah aber ein, daß es unmöglich war, abzureisen; denn sie konnte sich nicht ohne Schmerzen rühren.

„Ich könnte die lange Fahrt nicht ertragen und mag nicht einmal daran denken, aus dem Bett gehoben zu werden," sagte sie matt. Fräulein Borg war sehr teilnehmend und wollte helfen, soviel sie konnte; aber sie war doch keine Verwandte und nicht gezwungen, zu bleiben. Der Wagen fuhr heute abend zurück, und sie beschloß, mitzufahren. In der Pension wollte sie die Angelegenheit der Damen Furuclou erzählen und ihnen ihre Sachen schicken.

„Und wenn ich sonst noch etwas tun kann, tu ich es gern."

Aber es war weiter nichts zu tun.

Als nun gar Fräulein Borg abreisen wollte, fühlte Helwig sich hoffnungslos verlassen, hier oben allein mit ihrer kranken Mutter, mitten unter lauter Fremden, fern von aller Kultur. Die Angst, die sie ausstand, machte sie schwach, sie konnte sich nicht mehr beherrschen und fing an zu weinen. Um es vor der Mutter zu verbergen, ging sie in das große Eßzimmer hinaus, das leer war. Ihr zukünftiges Zimmer wurde aufgeräumt und so gut wie möglich für sie zurechtgemacht. Augenblicklich wurde sie nicht gebraucht, denn Fräulein Borg saß noch bei der Mutter und wartete auf den Wagen, der sie hier oben abholen sollte. Helwig fühlte sich wie eine Gefangene, weil sie nicht mitfahren konnte.

Sie saß an einem der Fenster, die Ellbogen auf das Fensterbrett und das Kinn in die Hände gestützt. Unter reichlichen Tränen starrte sie hinaus auf die Landschaft. Die Natur, die mit ihrer düsteren Schönheit vorher großen Eindruck auf sie gemacht hatte, vermehrte jetzt nur ihre Beklemmung. Die Kirche war das Nächste, was sie sah. Daneben führte der Weg aus dem Dorf herauf. Sie wartete auf den Wagen, der Fräulein Borg fortbringen sollte. Da kam er. Der Kutscher stieg den Hügel herauf. Er hatte Gesellschaft, denn neben ihm ging der Pastor, und hinter ihnen kam eine Bauersfrau mit einem Tuch um den Kopf. Vermutlich die Krankenpflegerin! Mitten unter ihren Tränen lächelte Helwig bitter. Wie weit war es mit ihr und ihrer armen Mutter gekommen, daß sie auf so einfache Hilfe angewiesen waren! Ein Pastor als Arzt und eine Bauersfrau als Krankenwärterin! Sie trocknete die Tränen und versuchte ernstlich, ihre Erregung zu bezwingen, indem sie sich sagte, daß das Weinen doch nichts nützte.

2.

Fräulein Borg war abgereist, und Mutter Karin, die ungeschulte Pflegerin mit der natürlichen Begabung, hatte ihren Platz in der Krankenstube eingenommen. Sie wohnte im Dorf, war Witwe und hatte bisher ihren Hof mit Hilfe ihrer Kinder allein bewirtschaftet. Nun hatte sich der älteste Sohn verheiratet, und die anderen Kinder hatten das Haus verlassen. Die Schwiegertochter tat jetzt größtenteils die Hausarbeit, so daß Mutter Karin sich der Krankenpflege widmen konnte.

Helwig ging in ihre Schlafstube neben dem Zimmer der Mutter. Beide Stuben lagen im Giebel, der im Pastorat ebenso breit war wie die Vorderseite eines gewöhnlichen kleineren Hauses. Die Aussicht vom Fenster ging auf den Abhang der Skalungahöhe. Helwig konnte auch den Fluß sehen, der weiter von den Anhöhen aus einem abgelegenen See kam. In der hellen Sommernacht war alles sichtbar. Wenn sie das Fenster öffnete, hörte sie das Brausen entfernter Stromschnellen im Walde, denn die Luft war still. Sie hatte geglaubt, überhaupt nicht einschlafen zu können, aber als sie erwachte, fand sie zu ihrer Verwunderung, daß es Morgen war. Sie schämte sich, daß sie die ganze Nacht fest geschlafen hatte. Wie mochte es ihrer Mutter gegangen sein? Besser, als zu erwarten war, lautete die Auskunft. Der Pastor hatte ihr ein Beruhigungsmittel gegeben, und Mutter Karin hatte gut aufgepaßt.

„Ich habe es so gut, wie es unter diesen Verhältnissen möglich ist," tröstete die Baronin ihre Tochter.

Früh am Morgen kam endlich der Doktor. Es war keine Kleinigkeit für ihn, hierher zu kommen. Zuerst mußte er mit dem Zug und dann noch mit dem Wagen fahren.

Er untersuchte die Kranke und stellte dasselbe fest wie der Pastor. Auch wegen der Behandlung hatte er nichts hinzuzufügen. Der Pastor hatte alles getan, was getan werden konnte, und der Doktor hätte es nicht besser machen können.

„Aber der Pastor ist doch Geistlicher und nicht Arzt," sagte die Baronin verwundert.

„Man muß sich von allem etwas aneignen, wenn man an einem so abgelegenen Ort wie Skalunga wohnt," antwortete der Pastor bescheiden.

Aber der Doktor klopfte ihm freundlich auf die Schulter.

„Er ist Arzt von Gottes Gnaden, Frau Baronin. Die Leute hier in Skalunga wollen nichts von mir wissen. Sie haben ja ihn, und das ist viel mehr wert. Er ist ein kluger Kerl, wissen Sie."

Helwig machte eine Bemerkung wegen einer Krankenwärterin, aber ihre Mutter fand eine solche unnötig.

„Wenn Mutter Karin hier sein kann, brauche ich niemand anders," sagte sie.

„Und da ›unser Ols‹ hier ist, brauchen Sie mich auch nicht, gnädige Frau," sagte der Doktor und klopfte dem Pastor wieder auf die Schulter.

Der stand fest und ruhig wie ein Fels und ließ den lebhaften Doktor spektakeln.

„Unser Ols?" fiel Helwig fragend ein und hob die schmalen Augenbrauen.

Die Benennung kam ihr spaßig vor.

„Ja, das ist unser Pastor hier. So wird er von den Leuten genannt," erklärte der Doktor und versuchte an dem Felsen zu rütteln, was ihm aber schlecht glückte.

„Aber wie heißt der Herr Pastor wirklich?" fragte Helwig.

„Ols Erik Larsson."

Dieses Mal antwortete der Pastor selbst.

„Er legt aber mehr Wert aus die Benennung ›unser Ols‹," fiel der Doktor ein. „Er nimmt sie als Bestätigung, daß sie ihn hier als ihr Eigentum betrachten. Und wenn Sie, Fräuleinchen, sich gut mit ihm stehen wollen, müssen Sie ihn auch so nennen."

Bei dem persönlichen Zusatz richtete sich Helwig gerade, und ihr Aussehen bekam etwas Vornehmes.

Es wurde jetzt beschlossen, daß die Baronin und ihre Tochter hier im Pastorat bleiben sollten, da der Doktor, ebenso entschieden wie der Pastor, gegen ein Fortschaffen der Kranken war. Der Doktor versprach, in jeder Woche einmal zu kommen.

„Damit ›unser Ols‹ nicht gar zu eigenmächtig wird," wie er in seiner heiteren Art sagte.

Nachts war Mutter Karin in der Stube bei der Baronin, aber am Tage konnten Helwig und Mutter Ols, wie des Pastors Mutter genannt wurde, die Kranke besorgen. Der Beste am Krankenbett aber war der Pastor. In seiner Behandlung lag eine seltene Vereinigung von Weichheit und Kraft. Ruhig, aber schnell führte er alles aus, er zögerte nicht, wenn er Schmerzen verursachen mußte, verkürzte aber dadurch die Pein. Er hatte eine unglaublich leichte Hand, und die Baronin sah die breiten, groben Hände lächelnd an und fragte, was für ein Zauber darin läge.

„Es ist, als läge eine beruhigende Kraft darin," sagte sie.

Sie hatte das mehr als einmal empfunden, wenn er sie leise streichelte, nachdem er ihr Schmerzen hatte verursachen müssen.

„Es ist gut, wenn dem so ist," antwortete er nur.

In seinem ruhigen Tonfall lag etwas, das auf eine unendliche Güte schließen ließ.

„Ich versichere, daß ich mich stets besser fühle, wenn der Herr Pastor das Zimmer betritt," sagte sie nachher zu ihrer Pflegerin.

„Es geht den anderen ebenso," war die Antwort.

Mutter Karin war wortkarg, sonst hätte sie jetzt Gelegenheit gehabt, verschiedenes über „unsern Ols" und seine Wirksamkeit zu berichten, von den glücklichen Kuren, die er ausführte, sowie von seiner großen Macht an den Krankenbetten. Er hatte einen klaren Blick für Krankheiten, konnte sie unterscheiden, ihre Veranlassung ergründen und Heilmittel finden, und er hatte eine große Macht über die Kranken. Schon als Knabe hatte er ärztliche Anlagen gezeigt und war der Lieblingsschüler eines Naturarztes gewesen, eines sogenannten Wasserdoktors, der allerhand Kranke mit Bädern, Packungen und Umschlägen behandelte. Während seiner Studienzeit in Upsala hatte er sich durch einen Tischgenossen, einen Mediziner, Zutritt in das Krankenhaus verschafft und war jeden Tag dorthin gegangen, um zu beobachten. Auch in einer chirurgischen Klinik hatte er geholfen und gelernt, Wunden und Schäden zu behandeln. Seine medizinischen Nebenstudien hatte er zielbewußt verfolgt, denn er wußte wohl, wie nützlich ihm eine derartige Kenntnis in den Dörfern sein würde, in die ihn sein Pastorenamt führte. Mehrjährige Ausübung hatte nun die natürliche Anlage und die erworbene Kenntnis zu großem Geschick entwickelt.

Wenn er jemals Medikamente gebrauchte, so waren es meist einfache Hausmittel, die seine Mutter nach seiner Anweisung zubereitete. Luft und Wasser wandte er mit Vorliebe an. Es war merkwürdig, daß er Leute fand, die sich seiner Behandlung unterwarfen, da es ihrem Geschmack und ihren Gewohnheiten ganz entgegen war, wenn es Luft und Wasser galt.

Ein Mittel stand ihm noch zu Gebot, damit ließen sich die Leute am liebsten behandeln: in seinen breiten, starken Händen lag eine wunderbare Macht, die die Leute für übernatürlich hielten. Durch Streichen mit den Händen konnte er Schmerz und Unruhe stillen und dem Kranken Schlaf verschaffen.

Wenn er nur in die Tür trat, fühlten sich der Kranke und seine Angehörigen schon besser durch sein: „Gott segne euch alle hier drinnen!" Gesundheit, Ruhe und Kraft strömten so stark von ihm aus, daß seine bloße Anwesenheit wohltätig wirkte.

3.

Ols Erik Larsson ging am liebsten zu Fuß, wenn er seine Pfarrkinder besuchte. Wenn er fuhr, mußte er sich an die Fahrwege halten, und die waren außer dem Landweg alle schlecht, der aber führte nur nach zwei Richtungen. Zu Fuß konnte er Richtwege durch die Wälder nehmen, wo niemand sich besser zurechtfand als er. Er hatte einen Kompaß und einen ausgeprägten Ortssinn, so daß er sich fast nie verirrte.

Es gefiel ihm, in seiner weit ausgedehnten Gemeinde umherzustreifen mit kurzen Ruhestunden und Unterhaltungen in Köhlerhütten, Kätnerhäuschen, bei Viehhirten und aus Höfen. Und wohin er kam, war er willkommen.

Lange Reden hielt er niemals, außer wenn er predigte. Da sprach er lange. Die Leute kamen von weither und wollten etwas für ihre Mühe haben. Und außerdem, wenn er einmal angefangen hatte, wollte er auch gründlich sein und den Text von Anfang bis zu Ende entwickeln, denn das gehörte sich so; aber in Unterhaltungen war er wortkarg und hörte lieber anderen zu.

Seine Hauptabsicht im Verkehr mit den einzelnen Gemeindegliedern war, sie kennen zu lernen und sich mit ihren Verhältnissen bekannt zu machen. Schon das machte ihn beliebt. Außerdem aber war er eine starke Persönlichkeit, die immer gab; wie kurz auch seine Äußerungen sein mochten, sie verschafften doch Klarheit, und das machte ihn noch beliebter.

Untersetzt wie er war, mußte er sich dennoch bücken, als er durch die Tür einer kleinen Hütte trat, die tief drinnen im Walde neben einer Stromschnelle lag. Er setzte sich auf das Ausziehsofa in der Ecke, und fast im selben Augenblick wagten sich die Kinder an ihn heran, alle, außer einem. Und doch war er eben um dieses Kindes willen heute in die Hütte gekommen.

Er blickte den Knaben an, und da dieser sich beobachtet fühlte, sah er zum Pastor auf. Scheu und argwöhnisch, fast boshaft, war der Blick der tiefliegenden Augen mit ihrem affenartigen Blinzeln. In dem Kindesgesicht lag ein Ausdruck, der von einem Trauerspiel in dessen unbewußter Welt erzählte. Der kleine sechsjährige Junge konnte wohl kaum selber sein Gewissen mit einer bewußten und gewollten Sünde beschwert haben. Mußte es darum nicht das unbegreifliche Gesetz der Erblichkeit sein, das den deutlichen Schatten der Schuld auf sein Gesicht gelegt hatte?

Ols wußte, daß dem so war. Er kannte die Herkunft des Kindes, und wußte, daß die Quelle, aus der sein Leben entsprang, vergiftet gewesen war. Auf einer seiner Wanderungen zu Anfang seiner Predigerlaufbahn in Skalunga war Ols Zeuge eines Verbrechens geworden, bei dem ein Mann der Gewalttäter, ein Mädchen das Opfer war. Er hatte den Verbrecher auf frischer Tat ertappt und ihn festgehalten, ehe er entfliehen konnte. Es war ein fürchterlicher Ringkampf gewesen. Das arme Mädchen, das durch einen Schlag bewußtlos gemacht worden war, war aus ihrer Betäubung erwacht und fing an zu schreien, als sie den Kampf zwischen dem Gewalttäter und dem Pastor sah. Dann waren Leute hinzugekommen, und der Verbrecher war übermannt, in Haft genommen und dann auf Aussage des Pastors und des Mädchens verurteilt worden. Das Mädchen war übel zugerichtet, blieb jedoch am Leben. Aber das Schlimmste war, daß sie nach langen, qualvollen Monaten Mutter wurde. Damals hatte sie sich fast zu Tode gegrämt und war nur mit Mühe von einem Selbstmord zurückgehalten worden. Sobald sie das Unglückskind geboren hatte, verließ sie das Land. Sie hatte das Kind gar nicht sehen wollen. Ihre Mutter hatte es zu sich genommen, aber die war jetzt gestorben, und das Kind war zu einer Pflegemutter gekommen. Und diese Pflegemutter besuchte „unser Ols" heute.

Der Pastor interessierte sich sehr für den armen, kleinen Mons, und der Gedanke kam ihm oft, was wohl aus ihm werden würde. Er verstand den Ausdruck in dem Gesicht des Kindes gut. Der Knabe erweckte keinen Widerwillen in ihm wie bei anderen, eher das Gegenteil. Er dachte, daß ein solches Kind wie Mons mehr der Liebe bedürfte als andere Kinder. Aber wer kann ein Bedürfnis nach Liebe stillen, wenn ein Wesen nur Widerwillen erweckt? Wer ein solches Kind um eigenen Vorteils willen aufnimmt, kann es nicht. Das können nur die, welche es in Jesu Namen aufnehmen.

Aus des Pastors grobem Gesicht leuchtete das Mitgefühl, und er streckte dem Kind die Hand entgegen, mit einer so natürlichen und von Herzen kommenden Bewegung, daß sie unwiderstehlich wurde und die finstere Macht der Erblichkeit besiegte, die das Kind gefangen und von anderen Menschen getrennt hielt. Der Kleine kam widerstrebend, wie von einer geheimen Macht gezogen, aus seiner Ecke. Er gelangte aber nicht bis zum Pastor, denn der wandte zufällig seinen Blick auf die Pflegegeschwister, Kinder mit jenem natürlichen Ausdruck der Unschuld, der

Kindergesichtern eigen ist, und damit verlor er seine Macht über den armen Kleinen.

Die Mutter, die das beobachtet hatte, wollte kraft ihres Amtes eingreifen, um den Widerstrebenden vorwärts zu stoßen. Aber das wollte Ols nicht.

„Störe doch nicht!"

Vor dem gebietenden Ton zog sich die Frau schnell zurück.

„Ich wollte nicht stören, ich wollte ihn nur vorwärts stoßen," erklärte sie.

Aber Ols achtete nicht weiter auf sie.

„Mons!" sagte er, nicht laut oder befehlend, aber der Knabe blickte gleich wieder zu ihm auf.

Und nun wiederholte sich dasselbe Schauspiel wie vorher. Der Kleine wurde, trotz seiner Scheu, wie von einer unsichtbaren Macht zum Pastor gezogen.

Als er heran war, faßte ihn Ols und setzte ihn auf sein Knie, der kleinen Britt gerade gegenüber, die auf dem anderen saß. Und das geschah so ruhig und natürlich, daß Mons gar nicht über das Unerhörte nachdachte, das ihm widerfuhr.

Die lebensvolle, magnetische Hand strich leise über des Knaben brennend rotes Haar. Der Mensch, der ihm durch ein Verbrechen das Leben gegeben, hatte dieselbe Haarfarbe gehabt, dessen erinnerte sich Ols noch.

Als Mutter Britta des Pastors Freundlichkeit gegen das Unglückskind sah, schämte sie sich, daß sie selbst nicht freundlich gegen den Kleinen sein konnte, den sie doch angenommen hatte.

„Ich weiß nicht, ob wir ihn behalten werden," sagte sie halb entschuldigend, als dächte sie, der Pastor könne es übel aufnehmen. „Mein Mann findet, daß er boshaft aussieht; er fürchtet, er könne unsere eigenen Kinder verderben."

„Hat er etwas Schlimmes getan?"

„Nein, nicht gerade. Man kann ihm aber wohl ansehen, daß er Schlechtes in sich hat."

Ols sah Mons nachdenklich an. Faßte der Kleine, was über ihn gesagt wurde? Und wenn das der Fall war, wie könnte es anders als schädlich auf ihn wirken! "Wenn du ihn nicht mehr haben willst, dann bring ihn zu mir."

„Zum Pastor? Du kannst doch nicht für so einen Kleinen sorgen! Er geht erst ins siebente Jahr, er braucht Aufsicht."

„Meine Mutter sorgte für mich, als ich noch kleiner war. Das wird sie jetzt wohl auch noch können."

„Aber sie ist jetzt alt."

„Nicht im Herzen. Das altert nicht mit dem Körper."

Ols setzte nun Klein-Britt und Mons ab, aber nur letzterem streichelte er den Kopf. Der Knabe blieb still neben dem Pastor stehen, anstatt gleich in irgendeine Ecke zu rennen, wie er sonst zu tun pflegte. Er war aber auch nicht gewohnt, durch Freundlichkeit festgehalten zu werden.

„Laß mich hören, Britta, ob es dir gelingt, das Kind lieb zu gewinnen."

Die Worte gingen der Mutter zu Herzen, und sie sah jetzt mit anderen Augen als vorher auf den kleinen, affenähnlichen Jungen. Der Pastor zeigte ihr, daß ihre Pflicht gegen Mons tiefer ging, als sie gedacht hatte, da sie sich des Kindes annahm. Würde sie diese wohl erfüllen können, wenn der Knabe sich entwickelte?

„Ich will es versuchen," sagte sie kleinlaut. „Aber sieh mal, da ist auch mein Mann, und der will gar nichts von ihm wissen."

„Wenn es nicht geht, dann komm nur mit Mons zu mir," sagte Ols und schüttelte der Mutter die Hand.

Das war sowohl ein Angebot wie auch ein Gebot, und die Mutter wußte, daß es keinen anderen Ausweg gäbe, als entweder Liebe zu dem kleinen

Wechselbalg zu gewinnen oder einzusehen, daß sie ihrer Aufgabe nicht gewachsen war, dann aber mußte sie ihn dem Pastor bringen.

Es war doch schön, daß sie die Schuld auf den Mann schieben konnte, wenn es unmöglich wurde, diese Liebespflicht zu erfüllen.

4.

Als Ols Mutter Brittas Hütte verließ, folgte er unbegangenen Pfaden, die er endlich auch aufgab, um quer durch den wilden Wald zu gehen, auf einen anderen Weg zu. Der Richtweg verkürzte seine Wanderung wohl um anderthalb Stunden.

Als er nahe bei seinem Heim aus dem Walde trat, wurde er einer schlanken Gestalt gewahr, die mit jedem Muskel gespannt dastand, bereit, die Flucht zu ergreifen. Ein schönes Gesicht voller Unruhe spähte ihm entgegen, aber die Furcht veränderte sich in fröhliche Zuversicht, als er vollends sichtbar wurde.

„Ach, das sind Sie? Ich dachte, es wäre ein Stier!" rief Helwig Furuclou erleichtert aus.

„Nicht ganz so gefährlich," lächelte er.

Da sie beide aus dem Heimweg waren, gingen sie zusammen.

„Gehen Sie ohne Weg im Wald?" fragte sie und sah sich nach der Stelle um, wo sie sich getroffen hatten. „Ich sah keinen Weg dort münden."

„Ich finde mich ohne Weg zurecht."

„Und verirren Sie sich nie?"

„Jetzt nicht mehr. Im Anfang konnte es wohl geschehen, aber niemals ohne Grund."

„Was für einen Grund kann man haben, sich zu verirren?"

„Ich kam dahin, wo ich nicht hinwollte, aber es war immerhin gut, daß ich kam. Ich hatte zu Menschen gefunden, die ich bei Vorgängen traf, wo mein Eingreifen nötig war."

„Haben alle unsere Schritte Bedeutung, wenn sogar unsere Irrwege es haben?"

„Ich glaube, daß es so ist."

„Sollte es auch Bedeutung haben, daß meine Mutter das Bein brach und hier liegen blieb?"

„Ganz gewiß."

„Welche?"

„Das wird sich schon zeigen."

Seine Sicherheit weckte in ihr die Lust, ihn aus der Fassung zu bringen.

„Vielleicht glauben Sie, daß meine Mutter und ich hier stecken geblieben sind, um von Ihnen bekehrt zu werden?" fragte sie mit herausforderndem Lächeln.

„Ist das nötig?"

Sie hatte ihn aus der Fassung bringen wollen, aber seine kurze, so ruhig gestellte Gegenfrage schlug ihr die Waffe aus der Hand und drohte statt dessen, sie verlegen zu machen. Aber sie hielt doch stand.

„Vermutlich sind Sie der Meinung."

„Warum sollte ich das?"

„Sie sind doch Pastor, und ein Pastor muß doch gern alle bekehren wollen, und meine Mutter und ich gehören zu keinem ›gläubigen‹ Kreis."

„Das tue ich auch nicht. Ich gehöre zu gar keinem Kreis."

„Aber Sie sind doch wohl gläubig?"

Sie hatte einen besonderen, etwas geringschätzigen Ton bei dem Wort „gläubig".

„Ich glaube an Gott den Vater, den Sohn und den heiligen Geist."

Er antwortete ihr so einfach und geradezu, daß sie das Gefühl bekam, als wären ihre Fragen kleinlich und unverschämt. Es empörte sie, durch seine Würde in ein so unvorteilhaftes Licht gestellt zu werden.

„Sie begreifen wohl, daß ich nur scherze?" sagte sie halb fragend, halb behauptend.

„Ich dachte es mir."

Er zeigte ihr in keiner Weise, daß er ihren Scherz dumm gefunden hätte, sie hatte aber das Gefühl, daß es so sei, und ihre eigene Auffassung legte ihm das zur Last. Im geheimen ärgerte sie sich deshalb über ihn. In dieser Stimmung ging sie auf ein anderes Thema über.

„Da wir nun einmal auf meine Mutter und meinen Aufenthalt zu sprechen gekommen sind, so kann ich vielleicht die Gelegenheit benutzen und die pekuniäre Seite der Sache ordnen. Wir sind nun drei Tage hier gewesen und haben noch keinen Finger gerührt, um für uns zu bezahlen. Sie glauben gewiß, daß wir die Absicht haben, als ungeladene Gäste hier zu bleiben?"

„Darüber habe ich mich noch nicht beunruhigt."

„Da es scheint, daß wir gezwungen sein werden, bis auf weiteres hier zu bleiben, wollen wir doch einen Pensionspreis festsetzen."

„Das eilt wohl nicht."

Sie mißverstand seine Antwort.

„Meine Mutter und ich brauchen Ihre Wohltätigkeit nicht in Anspruch zu nehmen. Wir können und wollen für uns bezahlen," sagte sie steif.

„Was wünschen Sie denn zu bezahlen?" fragte er gutmütig, ohne daß ihre plötzliche Vornehmheit Eindruck auf ihn machte.

„In der Pension bezahlten wir jeder fünf Kronen täglich."

„Das wäre hier zu viel. Mein Haus ist keine Pension."

Wieder legte sie seine Antwort anders aus, als sie gemeint war. Dünkelhaft erschien sie ihr und bis aufs äußerste setzte sie sich dem entgegen.

„Wenn wir in den Gasthof ziehen könnten – –. Ich will hingehen und sehen, wie es dort ist."

„Warum sollten Sie das?"

„Wir wollen in keine Dankesschuld bei Ihnen kommen."

„Ich glaube, der Umzug würde Ihrer Mutter schaden. Es ist auch nicht so gemütlich im Wirtshaus wie im Pastorat."

Seine unerschütterliche Ruhe reizte Helwig und es beleidigte ihren übertrieben empfindlichen Stolz, daß er die Vorteile ihres Bleibens im Pastorat hervorhob. Sie sagte sich, daß er ein Protz sei, dieser Bauernpastor, und wäre glücklich gewesen, wenn sie ihn unter ihren Willen hätte zwingen können.

„Ich werde mir den Gasthof ansehen und mit dem Doktor sprechen," sagte sie von oben herab.

Und er ließ es dabei bewenden. –

Als der Arzt am folgenden Tage kam, richtete Helwig es so ein, daß sie ihn einige Augenblicke allein sprechen konnte, und befragte ihn über den Umzug. Er machte große Augen und konnte nicht begreifen, wozu ein solcher Umzug gut sein sollte.

„In den Gasthof?" rief er aus. „Haben Sie schon jemals in den dortigen Betten gelegen, Fräuleinchen? Wie können Sie bloß daran denken, Ihre Frau Mutter mit dem kranken Bein auf eine solche Pritsche legen zu wollen? Und außerdem wäre allein das Hinüberschaffen ein Experiment, zu dem ich nicht raten möchte. Hat der Pastor Sie hinausgeworfen, oder was ist los?"

„Er ist so komisch wegen der Bezahlung. Er will keinen Preis nennen und sagt nur, daß sein Haus keine Pension ist," beschwerte sich Helwig.

Der Doktor lachte laut und herzlich.

„Darin hat er furchtbar recht. Wenigstens keine einträgliche Pension. Er ist nur etwas schwerfällig, und es paßt ihm nicht, irgendeinen Preis zu nennen; denn er ist es nicht gewohnt, Bezahlung zu nehmen. Sein Gehalt bekommt er natürlich, aber seine Kranken kuriert er umsonst, und von seinen Gästen hat er bisher nie etwas genommen außer ihrem Segen, den sie dem Gastfreien durchaus geben wollten. Ich will Ihnen aber einen Kniff sagen, Fräuleinchen."

Hier machte der Doktor ein pfiffiges Gesicht.

„Sagen Sie, daß er die Bezahlung für seine Kranken verwenden soll! Dann wird er sie annehmen."

Ein Weilchen, nachdem der Doktor fortgefahren war, ging Helwig in des Pastors Zimmer. Sie wappnete sich mit ihrer ganzen Vornehmheit, um ihm nicht zu zeigen oder auch nur vor sich selbst bekennen zu müssen, daß sie unterlegen sei. Es war unsagbar ärgerlich, daß sie sich gezwungenermaßen zum Bleiben entschließen mußte nach dem, was sie zu ihm gesagt hatte. Sie wollte aber bei der Vereinbarung so verletzend gegen ihn sein, daß sein Triumph vergiftet werden sollte. Das war ihr schöner Entschluß, als sie an seine Tür klopfte und eintrat.

Er saß gerade an seinem Schreibtisch, stand aber auf.

„Daß er wirklich so viel Anstandsgefühl hat!" dachte sie.

Mit einer Handbewegung lud er sie ein, auf dem Ledersofa Platz zu nehmen, und erst, als sie das getan hatte, setzte er sich wieder auf den Schreibsessel.

„Ich habe mit dem Doktor gesprochen, und Mutter darf nicht fortgebracht werden."

Er sagte nicht: „Das wußte ich", aber sie fühlte, daß er es dachte, und das reizte sie.

„Ich sagte dem Doktor, warum ich so einen Vorschlag machte. Da lachte er und schlug vor, daß ich Ihnen Bezahlung zugunsten Ihrer Kranken geben sollte, dann würden Sie sie bestimmt annehmen. Mir ist es ja gleichgültig, wofür Sie das Geld anwenden wollen, wenn wir nur bezahlen."

Zwar war sie sich bewußt, daß sie sehr ungezogen gegen ihn war, aber seine unerschütterliche Ruhe erzürnte sie noch mehr. Sie sehnte sich danach, ihm weh zu tun.

Er wandte sich zum Schreibtisch und nahm einen Zettel, der darauf lag.

„Ich habe eine Berechnung gemacht. Wenn Sie zwei Kronen am Tag bezahlen wollen, so sind die Kosten gedeckt, und keiner braucht dem anderen dankbar zu sein."

Seine Haltung gab ihm immer mehr die Oberhand, die sie nur noch schwer zurückerlangen konnte. Aber sie hielt stand.

„Dann bleibt aber nichts für die Mühe," sagte sie.

Er blickte auf das Papier in seiner Hand.

„Sie können ja Mutter und mir ein Trinkgeld geben, wenn Sie abreisen."

Als er das sagte, sah er sie an. Ohne daß seine Lippen lächelten, lag ein Lächeln tief drinnen in seinen Augen, als spotte er ihrer. Aber es war keine Schärfe in dem Spott. Jetzt endlich sah sie ein, daß es nicht in ihrer Macht lag, ihn zu verletzen.

Sie schämte sich, als er ihr so antwortete, und sie fühlte, daß er das beabsichtigt hatte. Aber sie wollte ihm nicht zeigen, daß es ihm geglückt war. Schnell erhob sie sich.

„Wenn Sie nicht mehr annehmen wollen, so müssen wir mit Dank unter Ihren Bedingungen hier bleiben, da sich kein anderer Ausweg findet," sagte sie.

Dann ging sie auf die Tür zu, hatte sie aber noch nicht erreicht, als er sie anhielt.

„Halt! Bleiben Sie!"

Sie wandte sich und versuchte, über seinen befehlenden Ton beleidigt auszusehen. Er kam ihr aber so entgegen, daß ihr kleinlicher Hochmut zuschanden wurde.

„Lassen Sie uns Freunde sein!" sagte er und reichte ihr die Hand.

An seinem Blick, dem Tonfall und seiner Gebärde sah sie, wie richtig er alles beurteilte, was in ihrer Haltung ihm gegenüber lag, aber auch, wie großherzig er es auffaßte. Seine Art tilgte gleichsam alles Geschehene aus.

Wider Willen wurde sie gezwungen, ihre dumme Kleinlichkeit einzusehen, und dadurch kam sie der Höhe näher, auf der er stand. Durch die Macht seiner Persönlichkeit hob er sie zur Selbstüberwindung empor, die dem verzogenen Mädchen ungewohnt war.

Etwas unsicher und verdrießlich lächelte sie, und es lag, ihr selbst unbewußt, etwas Abbittendes in ihrem Blick, als sie ihm die Hand reichte.

Es kam ihr vor, als ob in dem festen Griff, mit dem sie ihre Hand von der seinen umschlossen fühlte, mehr als eine Einigung lag. Es durchfuhr sie dabei wie eine Schicksalsahnung, ähnlich wie damals, als sie zum erstenmal von der Skalungahöhe über die Gegend mit dem blitzenden Kirchturmskreuz als Mittelpunkt blickte.

5.

„Mein armer Liebling, daß ich dir so etwas mit meiner Ungeschicklichkeit eingebrockt habe," sagte die Baronin und sah ihre Tochter zärtlich bedauernd an.

„Es ist doch wohl viel schlimmer für dich selbst, Mutterchen. Denke doch keinen Augenblick an mich."

„Und deine Schule? Mit mir wird es langwierig, das merke ich sowohl dem Doktor wie dem Pastor an, obgleich keiner von ihnen es geradeheraus sagen will. Vielleicht wird es Weihnachten, ehe ich nach Hause reisen kann. Aber deine Malerei, wie soll es damit werden?"

„Ich muß mich natürlich ohne Unterricht behelfen, aber nichts hindert mich, hier oben auf eigene Hand zu malen."

„Das ist nicht dasselbe. Dabei kannst du nicht solche Fortschritte machen, wie unter Anleitung. Für mich gibt es ja keine andere Möglichkeit, wie hier angekettet zu liegen, und dazu muß ich dankbar sein, daß ich ein so gemütliches und behagliches Heim gefunden habe; aber du brauchtest doch deshalb nicht auch hier zu bleiben."

„Wie kannst du nur einen Augenblick daran denken, daß ich fortreisen und dich hier lassen könnte, liebste Mutter?“

„Aber deine Malerei, in der du so aufgingst? Du hattest doch die Absicht, dich ihr ganz zu widmen!“

„Das kann ich auch hier. Sobald du dich an die Gefangenschaft gewöhnt hast, kann ich mir ein Motiv aussuchen. Übrigens kann ich auch hier drinnen sitzen und malen. Es würde dir Spaß machen, mir zuzusehen, Mutterchen. Ein Modell, das ich riesig gern malen möchte, ist ›unser Ols‹.“

„Den? Wie in aller Welt kannst du das wollen? Ihn, der so – –, ja, ein prächtiger Mensch ist er wohl, aber er ist doch – – malerisch ist er wirklich nicht.“

Helwig lachte laut, weil ihre rücksichtsvolle Mutter nicht sagen wollte, was sie dachte, nämlich, daß der Pastor häßlich war.

„Er hat die stilvollste Häßlichkeit, die ich je gesehen habe,“ erklärte Helwig mit wahrer Begeisterung. „Er sieht aus wie ein Urmensch, wie ein kraftvoll angefangenes, aber unvollendetes Meisterwerk, das nur verlieren würde, wenn es in seinen Einzelheiten ausgeführt würde. In seinen grob geschnittenen Zügen wird die Urkraft des schöpferischen Gedankens weit eindrucksvoller und unmittelbarer wiedergegeben, als es in einem fein ausgemeißelten Gesicht möglich wäre.“

„Aber sein Haar und die Sommersprossen und die kleinen Schweinsaugen?“

„Sein Haar hat herrliche Schattierungen in der Sonne, und was seine Hautfarbe betrifft, so erinnert sie mich in einer gewissen Beleuchtung an Tizians warme Farbenpracht. Schweinsaugen! Die Schweine sollen ja intelligente Tiere sein; wenn man sich also Mühe gäbe, ihren Rüssel zu vergessen, um ihnen in die Augen zu sehen, so würde man sicher Verstand darin entdecken. Einen stilvolleren Mund als seine gerade, lange Spalte habe ich nie gesehen. Und dann seine Stirn! In einem einzigen, gewaltigen Zuge modelliert, dringt sie über den Augen mit solcher Kraft hervor, daß die Meisterhand im letzten Augenblick innehalten mußte, um die geraden, rostigen Eisenbänder von Augenbrauen – wie zwei Gedankenstriche – darunter zu zeichnen. Und die Nase! Im Profil sieht man sie nur als zwei in einem stumpfen Winkel lotterig gegeneinander gezeichnete Züge, aber es sind unglaublich charakteristische Linien. Ich muß ihn malen! Vielleicht später, wenn ich mich etwas heimischer hier fühle!"

„Liebes Kind, wie begeistert du bist! Was bedeutet denn das?" lachte die Mutter.

„Er ist groß angelegt wie die Natur, in der er lebt, und das Schöne spricht mich in jeder Gestalt an, sogar da, wo es eine groß angelegte Häßlichkeit ist. Da am allermeisten, denn das ist etwas so Seltenes."

„Denke nur nicht, daß er Zeit hat, dir zu sitzen!"

„Ich werde ihn bitten," erklärte Helwig; sicher, daß das genügen würde.

6.

„Gibt es kein Klavier hier? Ich sehne mich so nach Musik," sagte die Baronin zu Helwig, die mit ihrer Stickerei am Fenster saß.

„Es steht eine Orgel hier draußen im Saal, wie ich gesehen habe," antwortete Helwig. „Ich bin allerdings nicht sehr geübt auf der Orgel, und vermutlich gibt es keine anderen Noten als Psalmen und Choräle."

„Sing mir einen Choral. Gerade das würde mir vielleicht gut tun."

Helwig ging hinaus, setzte sich an die Orgel und probierte sie. Das Klavier war ihr Instrument, aber sie war auch nicht ganz unbewandert auf der Orgel, Dann wählte sie einen Choral, dessen Worte sie auswendig konnte, um nicht dadurch gestört zu werden, daß sie nach dem Text sehen mußte.

„Ein feste Burg ist unser Gott."

Sie hatte eine entzückende Stimme, klar und rein und gut geschult.

Plötzlich hörte sie, daß jemand hereinkam, während sie sang, und eine Ahnung sagte ihr, wer es sei. Aber sie ließ sich nichts merken und sang das Lied zu Ende.

Die ernsten Heldenworte nahmen sich in ihrem Munde aus wie die Rüstung eines Mannes an einem Kinde.

Als Helwig geschlossen hatte, wandte sie sich um, und da stand der Pastor mitten im Zimmer hinter ihr. Der Schein der Abendsonne fiel auf ihn, und gerade in der Beleuchtung schien ihr sein Gesicht wie ein Studienkopf von Tizian. Sie wußte genau, schon ehe sie sich umsah, wo er stand, so fühlbar war seine Anziehungskraft. Schon früher hatte sie diese Empfindung gehabt, sogar bei ihrem ersten Zusammentreffen mit ihm.

Eine neue Art Interesse in seinen Augen entging ihr nicht.

„Ich hatte keine Ahnung, was für einen Singvogel ich in mein Haus bekommen habe," sagte er.

Sie weidete sich an seiner Überraschung. Endlich war es ihr geglückt, seine ruhige Überlegenheit, die sie gleichzeitig ansprach und reizte, zu erschüttern.

„Ich singe gern," sagte sie. „Eine Zeitlang war es mein Traum, mich ganz dem Gesang zu widmen."

„Warum nur ein Traum?"

„Was hätte ich werden sollen? Konzertsängerin? Das befriedigte mich nicht. Von der Oper wollte meine Mutter nichts wissen. Und ich hatte auch keine rechte Lust zu dieser Laufbahn. Da schlug ich mir die Musik als Lebensberuf aus dem Sinn."

„Singen aber doch."

Das ausdrucksvolle Lächeln, das nicht in den Muskeln lag, sondern eher einer Erleuchtung von innen heraus glich, beseelte seine Züge. Ihr Blick hing an ihm, und es verlangte sie, zu hören, was er weiter sagen würde.

„Als ich Sie das Lied singen hörte, mußte ich an David in Sauls Rüstung denken," sagte er.

„Soll ich das als Lob oder als Tadel verstehen?"

„Tadel ist es nicht, und Ihr Gesang steht hoch über meinem Lob."

„David paßte nicht in Sauls Rüstung, also paßt meine Stimme nicht zu dem Lied. Wollten Sie das damit sagen?"

„David blieb nichtsdestoweniger Sieger, als er in seinen eigenen Kleidern ging," sagte Ols.

„Aber warum paßt denn das Lied nicht für meine Stimme?" beharrte sie.

„Wieviel haben Sie von dem Kampf zwischen Gott und dem Teufel erfahren?"

In seinem Blick lag das Wohlwollen des erfahrenen Menschen gegen einen unerfahrenen, der, ohne es selbst zu wissen, Schutz und Leitung braucht.

„Was haben Sie selbst von einem solchen Streit erfahren?" fragte sie zurück.

„So sehr viel, daß mir das Lied mitunter wie ein Ruf von mir selber war."

Sie wandte sich wieder der Orgel zu und blätterte in dem Notenbuch.

„Gibt es hier kein Klavier?" fragte sie endlich.

„Der Kantor hat eins."

„Wohnt er weit von hier?"

„Man kann sein Haus dort sehen," sagte Ols, ging an das Fenster und zeigte ihr das Küsterhaus.

„Ich möchte wissen, ob ich mitunter dort hinuntergehen und spielen könnte? Meine Finger werden ohne Übung ganz steif," sagte sie und bewegte die Finger, so daß deren Geschmeidigkeit und Anmut zu voller Geltung kamen.

„Vielleicht hätte der Küster nichts dagegen, wenn sein Klavier hierher gebracht würde. Seine Tochter pflegte darauf zu spielen, aber die ist jetzt nicht zu Hause."

„Wenn ich es mieten könnte! Würden Sie sich vielleicht danach erkundigen?"

Er versprach es zu tun.

„Dann will ich meine Noten kommen lassen," sagte sie voller Freude.

7.

Die Zeit wurde der Baronin lang, da sie mit ihren Schmerzen unbeweglich auf dem Rücken liegen mußte. Helwig tat, was sie konnte, um die Mutter zu zerstreuen, aber es war nicht immer leicht, Zerstreuung zu finden. Die Bücher, die sie für den Sommer mitgebracht, hatten sie schon alle gelesen.

„Vielleicht könnte man hier welche borgen," sagte die Baronin.

„Ich habe wohl Büchergestelle in des Pastors Stube gesehen, aber es stehen gewiß nur Andachtsbücher darauf. Aber wenn du es wünschst, Mutterchen, will ich sehen, ob etwas Passendes zu finden ist."

„Ja, tu das."

„Es ist gewiß jemand bei ihm; aber ich werde mal zusehen," sagte Helwig und ging in den Garten hinaus; denn sie hatte entdeckt, daß man von dort in die Studierstube sehen konnte.

Sie sah den Pastor im Schreibsessel sitzen, den er so gedreht hatte, daß er den beiden Besuchern auf dem Sofa zugewandt war. Helwig blickte ihm in das halb abgewandte Profil. So wie er saß, konnte er sie wahrscheinlich nicht sehen, und das machte sie kühner in ihrer Beobachtung.

Was konnten wohl die beiden alten Männer Wichtiges zu verhandeln haben? Sie waren schon lange da, und es sah nicht aus, als beabsichtigten sie, bald zu gehen. Sie brachten gewiß ihr Anliegen sehr langsam und schwerfällig vor, und der Pastor, der selbst ein Bauernsohn war, verfiel natürlich auch in ihre Schwerfälligkeit, anstatt sie anzutreiben! –

Seit die erste Sorge um die Mutter sich gelegt hatte, dachte Helwig viel an Pastor Ols. Er weckte ihre Neugier und ihr Interesse und sogar noch etwas anderes, was ihr aber nicht bewußt war. Sie bildete sich mitunter ein, daß sie ihn nicht leiden könne; aber doch hatte sie das Gefühl, als sei Haus und Hof leer, wenn er nicht da war, und als sei alles in Ordnung, wenn sie nur eine Spur seiner untersetzten Gestalt und seiner groben Joppe erblickte. –

Sie ging auf den Wegen des kleinen Gartens umher und spähte voller Ungeduld verstohlen in das Zimmer, in der Hoffnung, daß sich die Bauern endlich erheben möchten.

Endlich wurde ihr Wunsch erfüllt. Man stand drinnen auf, schüttelte sich die Hände und ging auf die Tür zu. Aber, o weh, der Pastor ging mit hinaus. Er trennte sich aber auf dem Hof von ihnen. Sie gingen auf den Weg hinaus, er in den Garten zu Helwig.

„Kann ich Ihnen mit irgend etwas dienen?" fragte er sie.

„Wie wissen Sie, daß ich etwas wünsche?" fragte sie verwundert.

„Ich sah Sie hier umhergehen und darauf warten, daß meine Gäste gingen. Sie fanden gewiß, daß sie zu lange saßen?"

„Können Sie Gedanken lesen?" rief sie immer verdutzter aus. „Ich glaubte nicht einmal, daß Sie mich sähen! Sie saßen doch mit dem Rücken nach dem Fenster?"

„Nicht ganz. Und übrigens kann ich den Kopf auch bewegen und drehen. Wie gefällt Ihnen der Garten?"

„Es sieht aus, als gediehe hier alles gut."

„Ja, es ist gute Erde."

„Sie arbeiten vielleicht selbst darin?"

„Ich habe ihn angelegt und besorge ihn selbst."

Es lag Besitzerfreude in dem Blick, der nun über den Garten flog. .

„Ich möchte dabei helfen, denn ich bin müde vom Stillsitzen und will meiner Mutter wegen nicht zu weit weggehen."

„Wie würde es denn damit gehen?" sagte er und sah ihre Hände an.

Es waren schmale, feine Mädchenhände, die nur zum Sticken und Klavierspielen gemacht zu sein schienen.

Er betrachtete sie mit einer Art mitleidiger Bewunderung.

„Taugen sie zu irgend etwas?" fragte er mit einem Zweifel, der sie über die grobe Arbeit des täglichen Lebens emporzuheben schien.

„Probieren Sie es!"

Die Antwort gefiel ihm.

„Wollen Sie gleich anfangen? Hier ist ein Stück Land, das gesäubert werden muß."

Sie ließ sich das Beet zeigen, sagte aber, daß sie jetzt gerade ein Buch borgen wollte, das sich zum Vorlesen für die Mutter eigne.

„Kommen Sie mit hinein und sehen Sie selbst zu."

„Ich könnte mir denken, daß Sie nur Erbauungsbücher haben."

„Doch auch einiges andere."

Sie prüfte die Bücherbretter angelegentlich. Wie sie erwartet hatte, fanden sich dort Andachtsbücher und theologische Werke, aber, wie er gesagt hatte, auch andere Sachen. Ein paar ärztliche Werke, Bücher über Gartenbau und Landwirtschaft, ein volkstümliches astronomisches Werk, Anatomie, Lebensbeschreibungen, Geschichte und geschichtliche Romane, wie z. B. von Walter Scott, Ingemann, Topelius. Außer geschichtlichen gab es keine Romane oder dem ähnliches.

„Wenn Sie das da nicht schon gelesen haben –," sagte er, ergriff ein Buch, blies den Staub davon ab und reichte es ihr.

Es war „Des Christen Pilgerfahrt".

„Ich habe es nie gelesen, nur davon sprechen hören. Ist es unterhaltend?"

„Mehr als das. Es ist spannend und überdies erbaulich."

„Erbaulich!"

Sie machte eine kleine niedliche Grimasse voll liebenswürdigen Übermutes.

„Ist das ein Fehler?"

„Was ich meiner Mutter vorlese, darf nicht schwerfällig sein."

„Es schadet wohl nicht, wenn es Gedanken weckt?"

„Man braucht Zerstreuung, wenn man so daliegt."

„Gedanken helfen besser als Zerstreuung."

„Ach, wie können Sie das sagen?"

„Ihre Hilfe ist dauernder."

Sie schüttelte durchaus nicht überzeugt den Kopf.

„Ich will es versuchsweise nehmen, will sehen, ob es Gedanken weckt, aber wenn es zu schwerfällig ist, tausche ich es um."

„Betrachten Sie meine Bücher als die Ihrigen, solange Sie hier sind."

„Danke."

Sie war im Begriff zu gehen, hielt aber wieder inne.

„Wissen Sie, was ich will?" sagte sie in ihrer lebhaften Art. „Ich will Sie malen."

„Mich!?"

Sie hatte die seltene Befriedigung, daß es ihr geglückt war, ihn zu verblüffen.

„Ja, gerade Sie!"

„Ich bin doch so häßlich!"

Sie war entzückt von der unvergleichlichen Art, wie er das sagte. Er stellte nur eine Tatsache fest, die ihn aber nicht im geringsten berührte. Er war sich wohl seiner Häßlichkeit bewußt, aber er litt nicht darunter, das fiel ihm gar nicht ein.

„Ich will Sie malen. Kann ich das nicht?"

„Wozu denn das?"

„Ich habe vom ersten Augenblick an Lust dazu gehabt. Ihr Gesicht begeistert mich. Es ist ein Verbrechen, die Begeisterung eines Künstlers zu unterdrücken."

„Sind Sie Künstler?"

„Ich hoffe, es möglicherweise zu werden. Mein Unglück ist, daß ich Begabung für mehrere Sachen habe. Es wäre besser, wenn ich in einer bestimmten Richtung einseitig begabt wäre. Dann wüßte ich, welcher Sache ich mich widmen sollte. Aber nun! Eine Zeitlang widmete ich mich der Musik, dann ließ ich die liegen, und nun male ich. Ich muß sehen, ob auf dem Weg etwas Rechtes aus mir wird, oder ob eine dritte Anlage kommt und mich wieder nach einer anderen Richtung zieht."

Wieder, wie schon einmal, sah sie das gewisse Lächeln tief drinnen in seinem Auge, das sie unsicher machte, so daß sie sich überlegen mußte, was sie gesagt hatte.

„Ich sage das nicht, um zu prahlen," verteidigte sie sich, obgleich er keine Bemerkung gemacht hatte. „Ich sage nur, wie es ist. Ich habe sowohl für Musik wie für Malerei Anlage, aber vielleicht nicht genug, um etwas Hervorragendes darin zu leisten. Darum wollte ich lieber, daß alle meine Anlagen nach einer Richtung gesammelt wären, damit ich es darin zu etwas bringen könnte. Darüber kann man sich wohl nicht wundern."

„Und nun haben Sie sich in den Kopf gesetzt, mich zu malen?" lachte er.

„Vielleicht können Sie mir zur Berühmtheit verhelfen, wenn Sie mir Modell sitzen. Wer weiß? Ich würde Ihren Kopf im nächsten Frühjahr auf eine Ausstellung schicken, und vielleicht bekäme ich einen Preis dafür."

„Mein Bild auf eine Ausstellung! Und einen Preis!"

Er schüttelte den massigen Kopf über eine solche Ungereimtheit.

Sie merkte, daß sie so nicht ihren Zweck erreichte. Es lag ihm nichts daran, ihr zu Erfolg und Ruf zu verhelfen, aber sie kannte ihn schon genügend, und stellte ihm nun etwas anderes vor, was gewiß besser wirken würde.

„Wenn Sie es nicht meinetwegen wollen, dann tun Sie es doch meiner Mutter zuliebe. Nichts macht ihr mehr Spaß, als mir zuzusehen, wenn ich male. Das kann sie fast nie, denn ich habe es nicht gern, wenn mir jemand über die Schulter guckt. Ich werde aber eine Ausnahme machen und lieb gegen sie sein, weil sie es so langweilig hat. Wenn Sie mir drinnen bei ihr sitzen wollen, könnte sie liegen und jedem Pinselstrich zusehen, und das würde ihr die Zeit verkürzen. Sie könnten uns auch die Zeit mit erbaulichen Gesprächen verkürzen. Sie würden ein zwiefaches gutes Werk tun und sollten sich über die Gelegenheit freuen."

Er lächelte, und sie wußte, daß sie ihren Willen bekommen würde, wenn er sich erst ein wenig mit diesem Gedanken vertraut gemacht hätte.

8.

Helwig hatte seit dem zweiten Tage ihres Aufenthalts im Skalungaer Pastorat ihre Mahlzeiten zusammen mit ihrer Mutter im Krankenzimmer eingenommen. Mutter Ols oder das kleine Dienstmädchen Anna hatten dabei insofern aufgewartet, als sie den kleinen runden Tisch in der Mitte des Zimmers gedeckt und das Essen darauf gestellt hatten, aber Helwig bediente die Mutter und half ihr beim Essen.

Helwig dachte nicht darüber nach, wo und wann der Pastor seine Mahlzeiten einnahm. Sie nahm an, daß er mit seiner Mutter im großen Saal äße, obgleich sie nie gemerkt hatte, daß der Tisch dort gedeckt wurde. Aber eines Tages – es war in der zweiten Woche ihres Aufenthalts in Skalunga – kam sie mit einem Anliegen in die Küche und sah dabei den langen Tisch an der einen kurzen Wand des großen, gemütlichen Raumes zum Mittagessen gedeckt. Am oberen Ende des Tisches saß der Pastor zusammen mit fünf anderen Personen. Seine Mutter saß am weitesten unten, bereit, aufzustehen und der kleinen Anna beim Auftragen zu helfen, wenn es nötig wäre.

Helwig wollte sich zurückziehen, aber Mutter Ols erhob sich sofort, kam dienstbereit, wie immer, auf sie zu und fragte sie, was sie wünschte.

„Ich wollte nur um etwas warmes Wasser bitten, aber ich kann auch bis nachher warten."

„Das gibt es. Ich werde es gleich hineinbringen."

„Ich kann es selbst mitnehmen," sagte Helwig und blieb stehen.

Die Küche war so gemütlich und stilvoll mit den aus Tuchläppchen gemachten Läufern auf dem Fußboden, dem glänzenden Kupfergeschirr auf den Wandbrettern und den runden Broten auf den Brettern unter der Decke, daß Helwig gern etwas länger verweilte. Der Mittagstisch mit den ländlichen Gästen und dem derb zugeschnittenen Hausherrn paßte zum ganzen Stil. Als die kleine Anna einen Tiegel vom Feuer hob, flammte der Schein hinauf an die weiß gestrichene Decke, funkelte im Kupfer und Zinn und warf einen warmen Widerschein auf die gebohnte Wand hinter den Gästen. Hedwig glaubte sich in die gute alte Zeit versetzt, als die Sitten einfach, der Worte wenig und die Leute kraftvoll waren.

Als Ols ihren bewundernden Blick und ihre Neigung, zu bleiben, sah, stand er auf und ging auf sie zu.

„Alltags essen wir in der Küche," erklärte er.

„Doch hoffentlich nicht um unsertwillen, um vielleicht meine Mutter nicht zu stören?" fragte Helwig, denn sie dachte daran, daß der Speisesaal dicht neben ihrer Mutter Stube lag.

„Ich tue es immer, außer wenn die Gäste zu zahlreich sind, um in der Küche Platz zu finden."

„Es sieht so einladend hier aus," sagte Helwig und blickte sich um.

Sie war bisher noch nicht in der Küche gewesen. Wenn sie etwas wünschte, hatte sie immer mit der silbernen Klingel geläutet, die man ihrer Mutter hingestellt hatte.

„Vielleicht wollen Sie sich zu uns setzen?" fragte Ols.

„Wie kannst du nur so etwas vorschlagen, Erik?" sagte seine Mutter, die jetzt mit der Wasserkanne herbeikam.

„Ich hätte wirklich Lust dazu," sagte Helwig. „Ich will es nur Mutter sagen."

Sie nahm die Wasserkanne und eilte zu ihrer Mutter. Es war zwei Uhr. Helwig und ihre Mutter pflegten ihr Mittagessen um drei Uhr zu bekommen. Aber Helwig hatte einen gesunden Landappetit und brauchte nicht noch eine Stunde zu warten, damit das Essen ihr schmeckte.

„Denke dir nur, Mutterchen, der Pastor ißt in der Küche. Das tut er immer, wenn nicht zu viele Gäste da sind. Jetzt waren fünf oder sechs da, lauter Bauersleute. Er lud mich ein, mitzuessen, und dazu hätte ich wirklich Lust, wenn du nichts dagegen hast und ein Weilchen warten willst."

„Durchaus nicht. Nimm du nur alles an, was dir geboten wird," sagte die Baronin und lachte im Stillen bei der Vorstellung, daß ihre verwöhnte Tochter es für einen Genuß hielt, mit Bauern in der Küche zu essen.

Als Helwig in die Küche zurückkam, hatten sich die Gäste anders gesetzt, so daß der Platz zur Rechten des Hausherrn für sie frei war. Er stand auf, um sie vorbeizulassen. Sie saßen nämlich auf einer Bank, die in der Wand festgemacht war. Nur die, die mit dem Rücken nach der Küche saßen, hatten alte, blank geriebene Holzstühle. Es waren nur vier, die so saßen: ein Bauernknabe, Mutter Ols, die kleine Anna und der Knecht Matz. Auf derselben Seite wie Helwig saß eine Bauersfrau mit einem häßlichen, kleinen, rothaarigen Jungen und ein junges Paar, anscheinend Brautleute.

Helwig wollte sich ohne weiteres hinsetzen, aber der Pastor schlug in seine Hände, worauf sich alle erhoben. Als er das Tischgebet gesprochen hatte, setzte man sich wieder.

Helwig fand das lächerlich. Sie nahm an, daß sie vorher schon einmal gebetet hatten, bevor sie sich hingesetzt hatten; aber nun mußte es ihretwegen noch einmal geschehen.

„Das Essen muß nun wahrhaftig gesegnet sein!" entfuhr es ihr halblaut.

Sie lachte dabei und sah Ols an. Er war der einzige, der gehört hatte, was sie sagte.

„Ich halte auf alte, gute Sitte," sagte er.

Das Essen war einfacher als das, was man ihr und ihrer Mutter hineinzubringen pflegte, aber es war ebenso gut zubereitet. Es wurde auch einfacher aufgetragen. Man aß von einem bunten Wachstuch, Messer und Gabeln hatten hölzerne Griffe, und Schüsseln und Teller waren Steingut. Anna hatte das feinere Geschirr und silberne Besteck für Fräulein Furuclou herausholen wollen, aber Ols sagte, das Fräulein habe selbst die Küche gewählt und wolle es so haben, wie es in der Küche Brauch wäre.

Ols stellte nun Helwig die anderen Tischgäste vor.

„Das ist Mutter Britta und ihr kleiner Pflegesohn Mons. Bei denen bin ich gerade an dem Tag gewesen, an dem Sie mich für einen Stier hielten."

Mutter Britta grüßte, aber Mons stierte sie nur an, und als seine Pflegemutter ihn anstieß, damit er den Kopf neige, rührte er sich nicht, nur sein Gesicht nahm einen tückischen Ausdruck an. Helwig fand, daß die Frau ebenso prächtig aussah wie der Junge abstoßend war.

„Und das ist der Vater aus Hocklingen," fuhr Ols Erik fort, indem er auf den alten Bauern zur Linken zeigte. „Er ist in Gemeindeangelegenheiten hier. Und wir sitzen nun ganz einträchtig beieinander und essen, obgleich wir Gegner sind."

Bei diesen Worten grinste der Vater aus Hocklingen vergnügt.

„Nach dem guten Mittagessen stimmt der Vater vielleicht einen friedlicheren Ton an," bemerkte Helwig.

„O nein," fiel Ols ein, „der Vater aus Hocklingen läßt sich durch kein noch so gutes Essen von seiner Meinung abbringen, wenn ich ihn recht kenne."

„Nee, nee, man muß fest bleiben," meinte der Bauer und freute sich anscheinend, daß der Pastor so über ihn dachte.

„Er meint, wenn Ols allzu eigenmächtig ist," ergänzte der Pastor.

„Er weiß, was er will, der da, sage ich," erklärte der Vater aus Hocklingen und zeigte mit dem Tischmesser auf den Pastor.

„Das schadet wohl nicht," meinte Helwig

„Nee, nee, aber man darf ihm schon mal die Stange halten."

„Dort unten sitzen Johann und Karin," stellte Ols weiter vor. „Sie sind weither gekommen, um das Aufgebot zu bestellen, das heißt *er*. *Sie* wohnt hier im Dorf, aber er ist aus einem fremden Kirchspiel, obgleich ich ihn gut kenne und zu meinen Schafen rechne."

Und der Pastor nickte Johann zu, der wieder nickte. Es war ersichtlich, daß die beiden etwas zusammen hatten. Johann blickte vom Pastor auf seine Braut, deren schüchternes Lächeln bewies, daß auch sie eingeweiht war und ihres Verlobten Dankbarkeit gegen „unseren Ols" teilte.

Die Unterhaltung bei Tisch war nicht lebhaft, aber das verlangte auch niemand. Man ließ sich das Essen gut schmecken und gab sich damit zufrieden. Nicht einmal Helwig fühlte die gewöhnliche Verpflichtung, Leben hineinzubringen. Sie genoß die Stimmung.

Die Wand hinter ihr und dem Pastor war mit Decken behangen, die gegen Zug und Kälte schützen sollten. In der entgegengesetzten Ecke der großen Küche, an der Wand, die an die Stube grenzte, stand eine große bemalte Kiste aus Tannenholz, ein gewaltiger Wandschrank, sowie eine hohe Standuhr, die die Stunden so langsam schlug, als wollte sie zum Nachdenken wecken. Kiste, Schrank und Uhr trugen alle dieselbe

Jahreszahl aus der Mitte des siebzehnten Jahrhunderts und dieselben Anfangsbuchstaben zwischen Blumengewinden. In der Nähe der Ausgangstür standen zwei gewaltige kupferne Wasserkufen. Alles war altertümlich, groß und gediegen. Über der Küche und ihren Geräten, sowie über den Leuten darin lag eine Stimmung wie aus alter Zeit, aber am stärksten doch auf dem ruhigen, grob zugeschnittenen Hausherrn selbst, wenigstens schien es Helwig so.

Sie fragte ihn, ob die bemalten Möbel dort drüben Erbstücke oder erst angeschafft seien.

„Geerbt. Sie sind, seitdem sie gemacht wurden, in unserer Familie gewesen."

„Dann hatten Sie wohl auch ein väterliches Gut?"

„Das haben wir noch. Mein älterer Bruder sitzt darauf."

„Und doch ist Ihre Mutter hier bei Ihnen?"

„Sie könnte ruhig auf ihrem Altenteil sitzen; aber da mein Bruder verheiratet ist und ich unverheiratet, brauche ich sie notwendiger, darum ist sie bei mir."

Der Ausdruck seines Gesichts gefiel Helwig, als er bei diesen Worten nach dem Herd blickte, wo das Mütterchen mit dem letzten Gericht beschäftigt war.

„Das ist ihr auch sicher kein Opfer, glaube ich," sagte Helwig.

„Und wenn es das wäre, so würde sie es doch nie zugeben," antwortete er. –

Als Helwig ihren Gastgebern für das Essen dankte, bat sie, weiter in der Küche essen zu dürfen.

„Hier ist es aber doch nicht fein genug!" wandte Mutter Ols ein, die sich gleich überlegte, daß sie dann die Speisen ändern müsse.

Aber ihr Sohn, der ihre Sorge begriff, beugte mit seiner Antwort jeglicher Änderung vor.

„Wenn Sie sich mit der einfacheren Kost, die hier geboten wird, begnügen wollen, und sich bei unseren Küchensitten heimisch fühlen, dann sind Sie hier willkommen, so oft Sie Lust haben."

„Natürlich darf meinetwegen nichts geändert werden. Alles war so schön heute. Es tut gut, aus dem Krankenzimmer herauszukommen, besonders zum Essen. Nun kann ich mich auch ganz und gar meiner Mutter widmen, wenn sie essen soll. Sonst bekommt einer von uns immer kaltes Essen, weil Mutter doch Hilfe braucht."

Es wurde bestimmt, daß Helwig essen könne, wo sie wolle, bei ihren Hauswirten oder bei der Mutter, gerade wie es ihr im Augenblick einfiele. Der Ehrenplatz am Küchentisch, rechts vom Hausherrn, war immer für sie bereit, und dort war ihr so wunderbar wohl, daß sie sich von nun an immer auf die Mahlzeiten in der Küche freute.

9.

Erst am dritten Sonntag ihres notgedrungenen Aufenthalts in Skalunga ging Helwig in die Kirche. Ihre Mutter wünschte es, und sie selber meinte, daß es ganz unterhaltend sein könne, zu hören, wie „unser Ols" predigte.

Es war ein sonniger Sommertag. An der einen Seite der Kirche waren alle Fenster geöffnet, so daß die frische, sonnenwarme Luft frei hineinströmen konnte. Das Gotteshaus war hoch, hell und einfach. Der alte katholische Altarschrein paßte nicht ganz zu dem übrigen, aber Helwig fand doch, daß er Stimmung gab. Er stand oberhalb des Altars, fast wie ein Überbleibsel einer alten, echten Frömmigkeit, die sich unter all dem Unechten des vertriebenen Katholizismus verbarg und sich nun vor Gottes Thron mit der reineren Gottesverehrung aufgeklärter Zeiten vereinigte.

Das Eingangslied wurde gespielt. Als Helwig miteinstimmte, wandten sich ihre Nachbarn um, um zu sehen, wer da so engelhaft schön sänge. Die Wirkung ihres Gesanges freute Helwig so, daß sie daran mehr dachte, als an die Worte, die sie sang.

Während des letzten Verses trat der Pastor vor den Altar. Helwig war er wie ein Fremder. Bisher hatte sie ihn nur in seiner groben Alltagsjacke gesehen, nun stand er im Talar und Kragen vor dem Altar.

Der Gesang schwieg und der Pastor wandte sich um. Laut und feierlich tönte seine Stimme über die Versammelten, metallklar und voller Andacht.

„Heilig, heilig, heilig ist Gott der Herr, der Allmächtige! Himmel und Erde sind seiner Ehre voll!"

Wie oft auch Helwig die Worte hatte vor dem Altar lesen hören, sie hatten bis heute noch nie den geringsten Eindruck auf sie gemacht. Wie kam es, daß sie es jetzt taten? Lag es an seiner Art, zu lesen, oder an ihrer eigenen augenblicklichen Gemütsstimmung? Das letztere konnte es wohl kaum sein; denn ihre Stimmung war durch den unerwarteten Eindruck in eine ganz neue Richtung gelenkt worden.

Nicht nur die feierliche Andacht in des Pastors Stimme fesselte Helwigs Aufmerksamkeit, die sich meist nach verschiedenen Richtungen hin zersplitterte, sondern auch das, was Helwig von ihm wußte, trug viel zu ihrer Sammlung bei. Seine Persönlichkeit hatte schon vom ersten Augenblick an den Eindruck auf sie gemacht, als sei sie aus einem Guß, und dieser Eindruck hatte sich später vertieft durch alles, was sie von ihm gesehen und gehört hatte. Erst gestern hatte sie durch einen Zufall einen neuen Zug am Pastor entdeckt. Er war weder zum Mittagessen noch abends in die Küche gekommen. Sie dachte, daß er ausgegangen wäre, sah aber, wie seine Mutter dann an die Tür des Arbeitszimmers klopfte und mit einer Botschaft, die soeben gekommen war, hineinging. Da fragte Helwig Mutter Ols, ob der Pastor krank sei, da er nicht zu den Mahlzeiten käme.

„Er bleibt am Sonnabend immer allein in seiner Stube," hatte die alte Frau geantwortet.

„Wird ihm das Essen dann hineingebracht?"

„Ja, das heißt, das wenige, das er ißt. Es ist sehr wenig."

„Aber warum ißt er nicht? Fastet er?" fragte Helwig weiter, belustigt und verwundert, als hätte sie etwas ganz Besonderes entdeckt.

Mutter Ols hatte sie angesehen, gewissermaßen mit einem prüfenden Blick, als wolle sie ergründen, ob sie geistig hoch genug stände, um zu verstehen.

„Er bereitet sich vor auf die Verantwortung, Gottes Wort zu der Gemeinde zu reden," antwortete sie etwas widerstrebend, als wäre die Prüfung nicht zu Helwigs Gunsten ausgefallen. Sie hatte aber doch geantwortet, um nicht unhöflich zu sein.

„Vielleicht wacht er auch?" fragte Helwig weiter, getrieben von dem Interesse, eine solche Seltenheit, wie einen wachenden und fastenden Geistlichen in einer protestantischen Kirche, zu entdecken.

„Das tut er vor besonders wichtigen Aufgaben, aber soviel ich weiß, nicht regelmäßig."

„Aber warum tut er das? Glaubt er, daß es Gott gefällt?"

Wieder sah Mütterchen Ols das fragesüchtige junge Mädchen prüfend an, ehe sie antwortete.

„Er meint, daß es gewisse außerordentliche Gnadengaben gibt, die dem in reicherem Maße gegeben werden, der mit Gebet fastet und wacht."

Diese Unterredung und was sie dadurch über den Pastor erfuhr, machte Helwig begierig, zu hören, wie er nach einem Fasttag und nach einer durchwachten Nacht predigte.

Er war körperlich so kräftig, daß man in seinem Aussehen keine Spur der leiblichen Entbehrungen wahrnahm, denen er sich unterworfen hatte. Er sah gar nicht übernächtig, nicht einmal müde aus; aber es lag ein gewisses Etwas über ihm, das zur Andacht stimmte.

Helwig war es, als stände er vor dem Altar wie vor einem unsichtbaren Angesicht, und sie wußte nicht, ob das nur in ihrer Einbildung lag; vielleicht war sie beeinflußt von dem, was sie von seiner Predigtvorbereitung gehört hatte.

Ihr Leben lang hatte Helwig mehr oder weniger unter der Zersplitterung ihres Wesens gelitten, die sie verhinderte, sich einer Sache ganz zu widmen. Sie hatte Lust und Anlage zu so vielerlei, daß sie sich nicht für eines sammeln konnte. Mitunter hatte sie gewünscht, daß jemand oder etwas sie zwingen möchte, alles übrige beiseite zu lassen, damit sie sich einer Sache ganz hingeben könne.

Nun sah sie einen vor sich, der solch einer Konzentration mächtig war, und sie beneidete ihn um seine Fähigkeit, sich einem Einzigen, vollständig hinzugeben: seinem Gott und damit seinem Beruf ...

„Heilig, heilig, heilig ist Gott der Herr! Himmel und Erde sind seiner Ehre voll."

Helwig fand, daß er mit diesen Worten die Überschrift über sein Lebenswerk und sich selbst setzte. Der groß angelegte Mann hatte den Einzigen gefunden, der seines ganzen Wesens und seiner Hingebung würdig war.

Helwig beneidete ihn nicht nur, sie war auch begeistert von seinem Anblick.

Plötzlich ertönte die Orgel, was Helwig in erwartungsvolles Staunen versetzte. Sie hatte keine Ahnung gehabt, daß der Pastor auch sänge.

Er tat es aber. Seine Singstimme war umfangreich und klangvoll, obgleich wenig geschult. Doch beherrschte er sie hinlänglich, um die Feierlichkeit des Gottesdienstes nicht wenig zu erhöhen.

Niemals war der Altardienst Helwig so feierlich vorgekommen wie heute. Sie fühlte sich so ergriffen, daß sie sich fast vor sich selber schämte, als wäre sie kindisch.

Wie freute sie sich, daß sie zu der Gemeinde gehörte, die vom Pastor den gesungenen Gruß empfing: „Der Herr sei mit euch!" und als sie in die Antwort der Gemeinde einstimmte: „Und mit deinem Geiste!", da hätte sie gern gewußt, ob er ihre Stimme unter den anderen hörte.

Dann folgte die Predigt.

Wohl schrieb Ols seine Predigten nieder, aber er las sie nicht ab. Er hatte ein so gutes Gedächtnis, daß er sie während des Niederschreibens lernte, überdies hatte er das Wort gut in seiner Gewalt, so daß er nicht an Geschriebenes gebunden war.

Es fehlte nicht am Predigtton; aber merkwürdigerweise fand Helwig ihn nicht lächerlich, es kam ihr eher vor, als belebte dies seine Darstellungsweise. Sicher war, daß die Gemeinde in der Kirche das, wenn auch unbewußt, empfand. Auf die, die nicht so ganz aufpaßten, machte schon die Art seines Sprechens Eindruck. Nach dem Gottesdienst erinnerten sie sich dann daran und empfanden, daß in der Kirche ein Hauch von Heiligkeit und Andacht geweht hatte. Sie hatten Gott in Gemeinschaft mit ihrem Prediger verehrt. –

Das Schlußlied war gesungen, und Helwig verließ die Kirche mit dem Gefühl, etwas erlebt zu haben. Sie war in eine hohe geistige Sphäre gehoben worden und hatte ein leises Wirken des Heiligen Geistes empfunden.

Aber in ihr wohnte ein kritischer Geist, der alles mit eiskalten Augen betrachtete. Der sah sie auch jetzt mit geringschätzigem Lächeln an, so daß sie sich der Andachtsstimmung schämte, die sie gefesselt hatte und die noch jetzt in ihrer Seele weilte.

10.

Seitdem Helwig entdeckt hatte, daß ihr Hauswirt eine Singstimme besaß, sehnte sie sich danach, mit ihm zusammen zu musizieren.

Sie hatte das Klavier des Küsters gemietet. Es stand jetzt in dem großen Zimmer, und Helwig spielte oft darauf und sang dazu, seit sie ihre Noten aus Stockholm bekommen hatte. Die Musik, die sie eigentlich schon beiseite gelegt hatte, verkürzte ihrer Mutter die Zeit und füllte auch ihr selbst den Tag angenehm aus. Ja, sie wurde durch die Klänge wieder gefesselt, unwiderstehlicher und inniger als je. Nur in der Musik fand sie

Ausdruck für all das Neue und Mächtige, das hier oben in ihre Seele eingezogen war.

Durch die Entdeckung von Pastor Larssons Singstimme erhielt ihr wieder erwachtes musikalisches Interesse neue Anregung. In allem, was die Musik betraf, war Ols Helwig gegenüber sehr bescheiden. Von dem ersten Augenblick an, als er sie singen hörte, hatte er eingesehen, daß sie in dieser Beziehung hoch über ihm stand. Er zeigte sogar etwas Schüchternheit, als sie ihn bei der ersten Gelegenheit nach dem Gottesdienst bat, ihn begleiten zu dürfen. Aber er ließ es bald zu, denn er wollte sich gern im Singen üben. Da er zu wenig Unterweisung gehabt hatte, wußte er, daß er Fehler machte, und nun bat er sie, diese zu verbessern.

Während seiner Studienzeit in Upsala hatte er Unterricht in Orgelspiel und Gesang genommen. Sonst hatte er nie Stunden gehabt, wenn man gerade nicht das mitrechnete, was ihm der Küster seines Heimatsortes während seiner Kindheit zum Vergnügen beigebracht hatte. Hier in Skalunga hatte er für sich allein weiter geübt, wenn er Zeit gehabt hatte.

Helwig fand vieles zu verbessern; aber auch vieles, woraus sich etwas machen ließ. Das machte ihr Freude. Er war ihr sehr dankbar für ihre Mühe, und die erste Frucht der Dankbarkeit war, daß er sich die Zeit nahm, ihr im Krankenzimmer Modell zu sitzen.

Zwar konnte er nicht begreifen, daß sie ihn malen wollte, aber da sie es durchaus wollte, mochte sie es tun. Das Interesse der Baronin und der belebte Ausdruck, den ihr müdes, bleiches Gesicht während der Sitzungen annahm, waren ihm Belohnung genug für die Unannehmlichkeit, auf dem Präsentierteller zu sitzen und seine Häßlichkeit bis in die kleinste Einzelheit von Helwigs schönen, scharfblickenden Augen betrachten zu lassen.

Sie saß so, daß ihre Mutter die Malerei sehen und, wenn sie wollte, jedem Pinselstrich folgen konnte.

„Das ist mir eine große Selbstüberwindung,“ vertraute sie Ols an, als sie einmal außer Hörweite der Mutter waren. „Ich hasse es, daß mir jemand zusieht, wenn ich male. Aber es macht ihr Spaß, jetzt, wo sie solche Schmerzen hat und sich so langweilt, und da kann ich es nicht übers Herz bringen, ihr das Vergnügen zu nehmen."

Bei den Sitzungen im Krankenzimmer plauderten sie oft lebhaft, denn das hinderte Helwigs Arbeit nicht und brachte Leben in sein Gesicht. Solange der Pastor daran dachte, daß er Modell saß, zeigte er einen Ausdruck hölzerner Starrheit. Helwig aber lag daran, diesen durch muntere Unterhaltung zu vertreiben.

„Ich finde, es ist ein solcher Wirrwarr in Ihren Namen," erklärte Helwig eines Tages. „Die Leute nennen Sie ›unser Ols‹, Ihre Mutter nennt Sie Erik, und solche, wie meine Mutter und ich, nennen Sie Pastor Larsson. Wie heißen Sie denn am meisten?"

„Ols ist mein Familienname, Erik mein Taufname, und Larsson heiße ich nach meinem Vater, der Ols Lars Jonsson hieß."

„Wie wird Ihre Frau denn heißen?"

„Ols Larsson. Und dazwischen wird ihr Taufname stehen."

„Wenn sie nun aber nicht Larsson heißen will?"

„Dann ist es ihr wohl auch nicht Ernst damit, meine Frau zu werden."

„Daß Sie keinen anderen Namen annahmen, als Sie Pastor wurden!"

„Es ist keine Schande, Ols Larsson zu heißen."

„Nein, eine Schande ist es nicht. Aber Sie hätten wohl einen schöneren und weniger gewöhnlichen Namen haben können, als einen, der auf ›son‹ endigt."

„Was man schön findet, ist Ansichts- und Geschmackssache. Es hat doch Sinn, mit der Endung ›son‹ (Sohn) nach seinem Vater zu heißen. Aber was für Sinn hat es, Furuclou (Föhrenklau) zu heißen? Weder haben die Föhren Klauen, noch gibt es Klauen aus Föhren."

Helwig und ihre Mutter lachten beide über seine Entgegnung. Jedesmal, wenn er seine Anlage für Scherz und Humor zeigte, war Helwig entzückt. Wie deutlich man auch in seiner Nähe erkannte, daß der Grundzug seines

Wesens der Ernst war, so wurde man doch nicht beständig durch seine Worte oder seine Art daran erinnert. Seine menschliche Natürlichkeit sprach Helwig an, so daß sie ihm gegenüber ungezwungen war, trotz des starken Einflusses, den seine gesetzte Persönlichkeit auf sie ausübte.

„Aber Furuclou ist trotz seiner Sinnlosigkeit ein schöner Name, das müssen Sie doch zugeben," beharrte Helwig.

„Es kommt ganz darauf an, wer einen Namen trägt und wie er getragen wird, ob ich ihn schön finde oder nicht," antwortete er und machte sein Gesicht undurchdringlich, damit sie nicht aus seinem Ausdruck schließen könnte, wie er ihren Namen fände.

Er merkte, daß sie es gern wissen wollte, und es belustigte ihn, ihre Neugier nicht zu befriedigen.

11.

So oft Helwig am Klavier sang, kam Ols herein, wenn er zu Hause war und Zeit hatte; verhinderte ihn aber seine Beschäftigung daran, sein Zimmer zu verlassen, so öffnete er wenigstens die Türen, um sie zu hören.

Sie merkte es mit Befriedigung. Es war hier mehr Feuer und Leben in ihr Spiel und in ihren Gesang gekommen, und sie begeisterte sich mehr als je für die Musik, denn diese, und bisher nur diese, verlieh ihr Macht über die selten starke Persönlichkeit, durch die sie je länger, desto mehr gefesselt wurde.

Aber eines Tages bekam sie den Beweis, daß die neuerworbene Macht über ihn sich nicht so weit erstreckte, um auf seine Handlungen einzuwirken.

Der kleine rothaarige Mons, der mit seiner Pflegemutter in der Küche saß, als Helwig das erstemal dort aß, war für immer ins Pastorat aufgenommen.

„Das ginge wohl noch an," dachte Helwig, konnte sich aber nicht ohne Widerspruch dareinfinden, daß er jedesmal mitkam, wenn der Pastor und sie zusammen sangen.

Wenn der Junge sich wenigstens damit begnügt hätte, in einer Ecke zu sitzen; aber nein, er mußte dicht neben dem Pflegevater stehen. Und sein kleines, unsympathisches Affengesicht mit dem beständigen Blinzeln störte Helwig. Es schien, als könnte er die Augen nicht drei Sekunden offenhalten.

Es war etwas Unangenehmes an dem Jungen. Er machte einen scheuen und tückischen Eindruck. Der einzige, zu dem er Zuneigung hatte, war Erik und allenfalls auch dessen Mutter. Bei ihnen schien er Schutz gegen alle anderen zu suchen. Besonders dem Pastor folgte er überall auf den Fersen wie ein Hund. Helwig begriff nicht, wie der Pastor es ertrug, den Jungen beständig hinter sich zu haben; er schickte ihn nur ausnahmsweise fort und auch dann augenscheinlich nur ungern.

„Schicken Sie den Jungen hinaus!" sagte Helwig eines Tages, als der Pastor bei ihr am Klavier stand, um zu singen, und Mons neben sich hatte.

„Lassen Sie ihn doch bleiben!" antwortete Ols schnell und abwehrend.

„Er stört mich!" beharrte Helwig.

Statt zu antworten, schob Ols Erik den Knaben hinter sich, so daß Helwig ihn nicht mehr sehen konnte.

Sein Widerstand gegen ihren deutlich ausgesprochenen Wunsch empörte sie, und es trieb sie dazu, ihre Macht ernstlich zu erproben.

„Entweder er geht, oder ich verlasse das Zimmer," sagte sie mit festem Blick.

Ihr war, als verhärte sich sein Gesicht zu Stein. Er begegnete ihrem Blick mit einem nicht weniger festen.

„Gönnen Sie es ihm nicht, hier zu sein?"

„Er hat es gewiß ebensogut in der Küche."

Ob mit Absicht oder nicht, Ols hatte gleich bei ihren ersten Worten seine Hand auf Mons' Ohr gelegt und den Kopf gegen sein Bein gedrückt, so daß der Knabe nicht gut hören konnte. Auch hatte er mit so leiser Stimme geantwortet, daß Helwig ihn kaum verstehen konnte und unwillkürlich auch ihre Stimme senkte. Der Knabe aber, der auf diese Weise geschont werden sollte, hatte sich losgewunden, um seine Ohren frei zu machen und zu horchen.

Helwig sagte nichts weiter, sondern stand nur auf mit einer herausfordernden Frage in ihren Augen. Sie zögerte einige Augenblicke, um ihm Zeit zu lassen, ihrem Wunsch nachzukommen und den Jungen hinauszuschicken. Da er aber keine Miene machte, das zu tun, ging sie wie eine beleidigte Königin hinaus.

Ols blieb stehen und sah ihr nach, aber dann wandte er seinen Blick auf den Knaben, der noch an sein Bein gelehnt dastand und nun mit seinen scheuen, blinzelnden Augen zu ihm aufsah.

Sah er recht, oder war es Einbildung, daß er in dem nichts weniger als unschuldigen Kinderblick einen Schimmer von Schadenfreude zu sehen glaubte?

Er strich leicht mit der Hand über des Knaben Augen, so daß sie sich schließen mußten. Eine breite, kräftige Hand war es, die das Kind berührte, und obgleich ein fester Wille und eine gewisse Mißbilligung herauszufühlen war, so lag doch in der Berührung mitfühlende Behutsamkeit.

Das Innere dieses Mannes war groß veranlagt. In der Tiefe seiner Brust fanden sich klare Quellen, und er hatte ein liebendes Herz, das den Gefangenen gegenüber weich werden und sie frei machen konnte.

„Soll ich dir etwas vorsingen, Mons?" sagte er mehr zu sich selbst als zum Knaben.

Ohne eine Antwort abzuwarten, ging er vom Klavier, neben dem er stand, zur Orgel. Der Kleine folgte ihm.

Ols setzte sich, und, seine kräftige Stimme dämpfend, fing er an zu singen, indem er Mons von Zeit zu Zeit anblickte, als wollte er etwas von der ewigen Wahrheit in das dunkle Bewußtsein des Knaben hineinsingen:

„Aus tiefer Not schrei ich zu dir,
Herr Gott, erhör mein Rufen!
Dein gnädig Ohr neig her zu mir
Und meiner Bitt es öffne;
Denn so du willst das sehen an,
Was Sünd und Unrecht ist getan,
Wer kann, Herr, vor dir bleiben?"

Während er das sang, wurde seine Stimme immer ausdrucksvoller; denn er sang dem Kind sein eigenes Leid vor.

„Bei dir gilt nichts, denn Gnad und Gunst,
Die Sünde zu vergeben;
Es ist doch unser Tun umsonst,
Auch in dem besten Leben.
Vor dir niemand sich rühmen kann,
Des muß dich fürchten jedermann
Und deiner Gnade leben."

Aus dem Innern seines Herzens kam der beredte Ausdruck seines Gesanges. Es läßt sich nicht sagen, wieviel Mons von den Worten verstand; aber er hörte aufmerksam zu. Des Pflegevaters Blick hielt ihn gefesselt.

„Darum auf Gott will hoffen ich,
Auf mein Verdienst nicht bauen.
Auf ihn mein Herz soll lassen sich
Und seiner Güte trauen,
Die mir zusagt sein wertes Wort.
Das ist mein Trost und treuer Hort,
Des will ich allzeit harren."

Nun war Ols die Melodie so geläufig, daß er seine Augen ganz auf Mons richten konnte, und den nächsten Vers sang er ihm mit besonderer Betonung vor.

> „Und ob es währt bis in die Nacht
> Und wieder an den Morgen,
> Doch soll mein Herz an Gottes Macht
> Verzweifeln nicht noch sorgen.
> So tu Israel rechter Art,
> Der aus dem Geist erzeuget ward,
> Und seines Gotts erharre."

Es lag wahres, tiefes Gefühl in der gedämpften Männerstimme, und eine doppelte Liebe darin, sowohl die Liebe zu dem, von dem er sang, als zu dem Kind, dem er vorsang.

> „Ob bei uns ist der Sünden viel,
> Bei Gott ist viel mehr Gnade;
> Sein Hand zu helfen hat kein Ziel,
> Wie groß auch sei der Schade.
> Er ist allein der gute Hirt,
> Der Israel erlösen wird
> Aus seinen Sünden allen."

Wieviel mochte des Kindes Seele, gefangen in einer angeboren schlechten Natur, von den erlösenden Worten der ewigen Liebe wohl fassen? Das konnte niemand wissen; aber der Pflegevater, der sie dem Kinde vorsang, dachte: Kann ich die Lieblosigkeit nicht zum Schweigen bringen, so kann ich ihn doch wenigstens etwas von der Liebe hören lassen.

12

An dem Tage aß Helwig nicht in der Küche, sondern drin bei ihrer Mutter. Sie wich Ols aus, der sie gewähren ließ; aber in seinem Innern reifte das, was er ihr sagen wollte, wenn sie sich wieder träfen. Und das sollte bald geschehen, das heißt, wie man's nimmt. Denn wie ein Tag für den, der leidet, unendlich lang sein kann, so ist er kurz für den, der eine solche Wartezeit mit Arbeit ausfüllt, selbst wenn sich das Herz nach Aussprache und Aufklärung sehnt.

Der folgende Tag war Helwig unsagbar lang geworden. Sie war den ganzen Tag nicht ausgegangen. Dafür hatte sie sich der Mutter mehr gewidmet als je.

„Bist du des Essens in der Küche schon überdrüssig geworden?" fragte die Mutter verwundert.

„Selbst das kann mit der Zeit langweilig werden."

„Arme Kleine! Es muß dir hier in der Einöde gewiß alles langweilig werden. Bist du heute nicht ganz wohl? Du hast gar nicht gesungen."

„Es geht mir ganz gut."

Die Mutter sah aber doch, daß Helwig etwas fehlte, wie sehr sich diese auch bemühte, es zu verbergen.

„Ich habe Pastor Larsson heute nicht gesehen," sagte sie. „Ist er fort?"

„Das glaube ich nicht. Ich habe ihn auch nicht gesehen."

„Habt ihr Meinungsverschiedenheiten gehabt?"

„Warum denkst du das?"

„Was hat er getan?"

„Ach, nichts! Nur, daß er tölpisch ist; das kann bis zu einem gewissen Grade unterhaltend sein, aber man kann dessen auch überdrüssig werden."

„Hat er dich gekränkt?"

„Liebstes Mütterchen, frage doch nicht so viel! Wir gerieten aneinander über den unangenehmen kleinen Jungen, den er ins Haus genommen hat, und gegen den er ganz unbegreiflich schwach ist. Ich will, daß er ihn ein bißchen erzieht, aber das will er nicht."

Helwig war zu stolz, um ihrer Mutter zu sagen, daß sie vor Mons hatte weichen müssen. Daß sie sogar weniger Macht über des Pastors Herz hatte als der unbeholfene kleine Junge, schmeckte ihrer Eigenliebe gar nicht. Es war ihr bitter wie Galle. Verzogen wie sie war, fand sie einen solchen Zwischenfall unerhört. Das konnte sie nicht verschmerzen und es entstand ein rasender Aufruhr in ihr.

„Du siehst heute ganz blaß aus und bist den ganzen Tag nicht draußen gewesen," sagte die Mutter besorgt. „Du mußt vor Abend etwas ausgehen, sonst schläfst du heute nacht nicht."

Helwig hatte zwar keine Lust, ging aber doch aus, hauptsächlich, um weiteren Fragen zu entgehen; denn sie merkte, daß ihre Antworten die Mutter nicht befriedigten, die den wahren Grund ihrer Verstimmung ahnte.

Ols Erik saß in seiner Stube und sah Helwig nach der Skalungahöhe hinaufsteigen. Er ließ sie ein Stück Wegs vorausgehen, dann folgte er ihr.

Sie hörte ihn kommen und wandte sich steif und gleichgültig um. Wenn sie wollte, konnte sie etwas sehr Vornehmes in ihr Wesen legen. Ohne ein Wort ließ sie ihn empfinden, daß er hier überflüssig sei.

„Ich möchte mit Ihnen sprechen," sagte er als Antwort auf ihr Schweigen.

Er stand jetzt neben ihr. Der Aufstieg mochte ihnen beiden wohl beschwerlich geworden sein heute abend; denn sie atmeten schnell.

„Ich möchte über Mons mit Ihnen sprechen," ergänzte er.

„Sie sind unbegreiflich schwach gegen den unangenehmen Burschen," sagte sie kalt und ging weiter.

Er antwortete nicht, blieb aber an ihrer Seite.

„Sie tragen nicht einmal Bedenken, seinetwegen unhöflich zu werden,“ fügte sie in demselben kalten, vornehmen Ton hinzu.

Sie wollte ihn glauben lassen, daß seine Handlungsweise sie nicht verletzte, sondern nur ihre Verachtung hervorrief.

Er schwieg beharrlich, denn er grübelte darüber, wieviel er von Mons' Ursprung dem jungen, feinen und behüteten Mädchen enthüllen dürfe. Sie war wohl nie mit solch unreinen Sünden, wie die, aus der Mons hervorgegangen war, in Berührung gekommen.

Auf dem Gipfel der Skalungahöhe blieb Helwig stehen und blickte über die in ihrem erhabenen Ernst beklemmend wirkende Waldlandschaft. Die Sonne ging hinter einer Wolke unter und es begann zu dunkeln.

„Nun, was haben Sie mir über Mons zu sagen?“

Ihr Ton war der einer Königin, die ungern Audienz erteilt.

„Sie mögen ihn nicht?“

„Nein,“ antwortete sie mit Nachdruck, „und ich glaube, Sie sind der einzige, der ihn mag.“

„Und das ärgert Sie?“

Sie hatte das unangenehme Gefühl, daß er durch seine ruhigen Fragen irgendwie ihre Spitzen gegen sie selbst richtete, sowie auch, daß ihre vornehme Kühle die Wirkung auf ihn verfehlte. Anscheinend machte sie nicht den geringsten Eindruck auf ihn.

„Man kann ja jetzt nie mehr mit Ihnen zusammen sein, ohne den Bengel mit in Kauf zu nehmen. Er hängt wie eine Klette an Ihnen.“

„Er hält sich zu mir, und wie könnte ich ihn dann von mir stoßen?“

„Warum konnte Mutter Britta ihn nicht behalten?“

„Sie konnte ihn nicht lieb gewinnen. Und ihr Mann verstand nicht, mit ihm umzugehen.“

„Das wundert mich nicht. Ich habe nie ein unangenehmeres Kind gesehen.“

„Mutter Britta hat eigene Kinder, und fürchtete, daß sein Einfluß ihnen schaden könnte. Hier gibt es keine Kinder, denen er schaden kann."

„Sie geben also zu, daß sich Schlechtes in Ihrem Liebling findet?"

„Wenn sein Aussehen wahr spricht, so findet sich viel Schlechtes in ihm, obgleich ich nicht wüßte, daß er bisher etwas Schlechtes getan hätte."

„In dem Kinde nähren Sie eine Schlange an Ihrem Busen."

„Das hoffe ich nicht."

Nach einigen Augenblicken des Stillschweigens fügte Ols hinzu:

„Mons ist ein Kind der Gewalttätigkeit und der Verzweiflung, und die Herkunft hat ihm ihren Stempel aufgedrückt."

Er begegnete Helwigs schnellem und plötzlich interessiertem Blick nicht, sondern sah beharrlich auf die fernen Höhen.

„Ich will sehen, ob die Liebe so etwas überwinden kann," fügte er hinzu.

Obgleich seine vorige Äußerung sie neugierig gemacht hatte, hielt sie ein unbestimmtes Gefühl davon ab, nach Einzelheiten zu fragen. Dafür ging sie auf seine letzte Bemerkung ein.

„Haben Sie das Kind wirklich lieb?"

„Ich vermag es wenigstens in Christi Namen aufzunehmen."

„Ist das Liebe?"

„Das glaube ich wohl, wenn es auch nicht die natürliche Liebe ist. Die hat ihn im Stich gelassen. Seine arme Mutter wollte ihn überhaupt nicht sehen, und sein Vater ist als Verbrecher im Gefängnis."

„Kannten Sie die beiden?"

„Die Mutter kannte ich. Dem Vater stand ich als Zeuge gegenüber, als ich ihn dem Gericht überlieferte."

Helwig war voller Fragen, wagte aber nicht, sie zu äußern. Der Gegenstand war zu heikel.

Ols fand, daß er jetzt genug gesagt hatte. Wieviel sie von dem Gesagten verstanden hatte, hing davon ab, wieviel sie von dem Bösen in der Welt wußte.

„Ist es mir geglückt, Ihnen ein besseres Gefühl für den armen Mons einzuflößen?"

Sie fühlte, daß er das mit seiner Mitteilung beabsichtigte; aber die Wirkung war eine andere. Mons war für sie immer noch der kleine unsympathische Bursche, der Pastor aber, der sich seiner mit übernatürlicher Liebe annahm, um ihm die natürliche zu ersetzen, stand vor ihr als ein echtes Glied des Priesterstandes, dessen Hoherpriester mit seinem eigenen Blut die Selbstlosigkeit seiner Liebe besiegelt hatte. Frei von aller Selbstüberhebung stand in dem Augenblick der einfache Mann aus dem Bauernstand so hoch vor ihren Augen wie keiner je zuvor. Ihr war, als höre sie seinen starken Herzschlag im Takt mit dem Herzen, das einst aus Liebe für die Verlorenen brach. Die Empfindung war stark, aber leider nur vorübergehend, denn sie wurde plötzlich wieder von dem eiskalten Blick der Kritik verdrängt. Bis zu einem gewissen Grade trotzte sie aber doch diesem ihren Tyrannen, gestärkt durch die Macht des Mannes, der neben ihr stand.

„Ich will Ihr Liebeswerk gegen ihn nicht mehr erschweren," sagte sie mit ungewohnter Nachgiebigkeit. „Ich werde Sie nicht wieder bitten, ihn hinauszuschicken."

Sie sagte nicht, daß sie das Versprechen um des Pastors und nicht um des Knaben willen gab.

Er war dankbar für ihr Zugeständnis. Es war ein Sieg. –

Mit leicht gesenktem Kopf stand sie da, und er musterte das gerade, feine Profil mit dem nachdenklichen Ausdruck. Es war ein Trumpf, daß es ihm geglückt war, die milde und weich zu stimmen, die von Natur weder milde noch weich war. Helwig hatte etwas sehr Bezauberndes an sich, aber ihr Reiz war nicht der weiblicher Weichheit. Ihr schmächtiges Gesicht erinnerte an das eines Jünglings; ihr Ausdruck verriet mehr Intelligenz als Herz, mehr ironische Überlegenheit als

Hingebungsfähigkeit. Er hatte das Gefühl, daß sie im Grunde männlichen Gerechtigkeitssinn besaß, wie weiblich unvernünftig sie auch manchmal erscheinen konnte. Und nun war es ihm geglückt, diesen Sinn in ihr zu wecken, und er meinte, dem habe er seinen Sieg über ihren unvernünftigen Widerwillen gegen Mons zu verdanken, ohne im entferntesten die wirkliche Ursache des Sieges zu erraten.

13.

Ols Erik bog um die Ecke und kam von der Seite auf die Haustreppe zu, auf der Mons saß und die Zunge mit den gräßlichsten Grimassen ausstreckte. Ols folgte mit seinen Augen dem Blick des Knaben und sah Helwig über den Grasplatz gehen. Sie war es also, der diese Fratzen galten.

Als Ols sich näherte, ließ Mons es sich nicht merken, daß er den Pflegevater erblickt hatte und fuhr schlau fort, weiter Gesichter zu schneiden, indem er das Gesicht hinauf und hinunter und ganz nach der Mauer drehte, um dem Pflegevater vorzumachen, daß er nur zu seinem Vergnügen Fratzen schneide.

Ols ging hin, setzte sich neben dem Jungen auf die Treppe und legte die Hand auf das kleine Gesicht, als wollte er die Grimassen fortwischen. Dann glitt seine Hand mit einer halb zärtlichen, halb strengen Bewegung weiter, so daß er des Knaben Nacken umfaßte und den Kopf so drehte, daß er in das kleine häßliche, aber jetzt ruhige Gesicht sehen konnte.

Mons blinzelte und versuchte, unbefangen auszusehen.

Noch sagte Ols nichts, denn er überlegte, was wohl am klügsten sei: die Sache mit Stillschweigen zu übergehen oder Mons etwas darüber zu sagen, denn dessen schlauer Kunstgriff hatte den Pflegevater nicht betrogen; er begriff sehr wohl, daß die Grimassen Helwig gegolten hatten.

Sie mochte den Jungen nicht leiden, und er zahlte nun mit derselben Münze wieder, das war klar. Mons war es gewohnt, daß man ihn nicht mochte, hatte aber nie gegen jemand eine so ausgeprägte Feindschaft gezeigt, wie jetzt gegen Helwig. Was war wohl die Ursache seines Grolles in diesem Falle? War es Eifersucht?

Ols erinnerte sich der Schadenfreude, die er in des Knaben Augen gesehen hatte, als Helwig ihm weichen mußte. Schlau und frühreif, wie Mons war, hatte er gewiß des Pflegevaters Interesse für den jungen Gast bemerkt und betrachtete sie wie eine Art Nebenbuhlerin. Als sie dann ihren Widerwillen gegen den Knaben offen zeigte, wurde dieser gehässig in seiner Eifersucht.

Ols fühlte, daß Mons ihn so lieb hatte, wie es ihm möglich war, und mit warmherzigem Mitleid begriff er, daß nicht einmal die Liebe in dem armen, verdüsterten Kinderherzen ohne Schatten sein konnte. Es tat ihm leid um den Knaben, dessen ererbter Fluch sogar seine besten Gefühle zu vergiften drohte. Der Wunsch, das Lamm aus dem Dorngestrüpp zu befreien, bestimmte Ols Erik bei der Erziehung des Kindes.

„Durch Fratzen macht man sich nur selbst häßlich,“ sagte er.

Anstatt zu antworten, schnitt Mons wieder Gesichter. Diesmal lag nichts Boshaftes darin, eher etwas Humoristisches und Einschmeichelndes, denn jetzt galten sie dem Pflegevater und nicht der unangenehmen jungen Dame. Der Bursche sah so unbeschreiblich lächerlich aus, daß Ols den Mund verziehen mußte.

„Ich sehe, daß du mir gut bist, und das ist nett,“ sagte er. „Aber wenn du willst, daß ich dir wirklich gut sein soll, so machst du niemals mehr solche häßliche Fratzen hinter jemand her, wie vorhin. Denke daran, du kleiner Gelbschnabel!“

Er sprach freundlich, sogar mit einem Anflug mitleidiger Weichheit; aber nichtsdestoweniger bestimmt. Mons begriff, daß es Ernst war und wäre tückisch geworden, wenn ihn die Weichheit nicht daran verhindert hätte. Er drückte sein kleines Affengesicht an des Pflegevaters Rockärmel, halb, um es da zu verbergen, halb, um sich weiteren Ermahnungen durch Liebkosungen zu entziehen. Und Ols ließ es bei dem Gesagten bewenden.

14.

Es war Sonntagnachmittag, und im Hause herrschte Ruhe. Der Pastor war vor einem Weilchen ausgegangen, mit Mons auf den Fersen. Der Knecht Matz und die kleine Anna hatten beide frei und waren verschwunden, Mutter Ols saß, ungewöhnlicherweise auch unbeschäftigt, in ihrem Stübchen neben der Küche. Die Baronin schlief, und Helwig schlich sich aus der Stube. Sie hatte Lust, eine Entdeckungsfahrt durch das Haus zu machen. Noch nie war sie im oberen Stockwerk gewesen, das unbenutzt zu stehen schien. Wenigstens hatte sie oben niemals Schritte gehört.

Sie ging langsam durch die großen hellen Zimmer. Einige waren leer, aber in anderen standen etliche Möbel.

Helwig dachte, wie schön es hier doch sein könnte, und stattete in ihrer Einbildung die Räume mit den Möbeln aus, die sie und ihre Mutter in Stockholm hatten. Sie breitete Teppiche auf die Dielen, hängte Vorhänge vor die Fenster und Bilder an die Wände. Sie sah ihre seine Einrichtung in den schönen Zimmern mit der herrlichen Aussicht und sich selbst als Mittelpunkt des Ganzen, und sie stellte sich vor, wie sie, wenn alles geordnet wäre, den Hausherrn rufen würde, um ihm ihr Werk zu zeigen.

Aber sie konnte sich nicht vorstellen, welche Wirkung es auf ihn haben würde! Würde es Eindruck auf ihn machen, und würde er es bewundern oder gleichgültig bleiben? Wahrscheinlich letzteres, denn er war nicht leicht zu überwältigen und neigte nicht zum Bewundern. Nur damals, als er ihren Gesang entdeckt hatte, war es ihr geglückt, eine lebhafte Bewegung in ihm zu wecken, aber nicht einmal da war seine Bewunderung zum Ausbruch gekommen. Sie empfand wohl, daß sie ihn interessierte, aber das Interesse schien anderer Art zu sein als das, was sie gewöhnlich erregte.

Sie grübelte darüber nach, als sie an einem der Fenster stand und hinausblickte, ohne eigentlich auf das acht zu geben, was sie sah. Was die anderen Leute an ihr fesselte, schien er zu übersehen. Es kam ihr vor, als dringe er bis in die tiefsten Tiefen ihres Herzens, um etwas zu finden. Sie hätte gern gewußt, was er da suchte. Und ob er es finden würde? – –

Ihre Grübeleien wurden durch Mutter Ols unterbrochen, die in das Zimmer guckte.

„Es schien mir, als hörte ich jemand hier gehen, und ich mußte sehen, wer das war," erklärte die alte Frau.

„Ja, ich kam herauf, um mir die Zimmer anzusehen. Wie entzückend gemütlich es hier werden könnte! Warum werden sie nicht benutzt?"

„Erik liegt nichts daran, Möbel für alle anzuschaffen. Er braucht sie nicht."

„Aber es ist doch schade, sie leer stehen zu lassen."

Der Gedanke war Mutter Ols augenscheinlich nie gekommen.

„Man spart im Winter das Feuern darin und braucht sie nicht auszuräumen," sagte sie.

„Sie könnten vermietet werden. Es würde eine entzückende Sommerwohnung sein. Denkt doch nur, wenn meine Mutter und ich einen anderen Sommer ohne gebrochene Beine hierher kämen! Könnten wir uns dann hier einmieten?"

Die alte Frau streichelte Helwigs Arm.

„Würdet Ihr Euch hier heimisch fühlen können? Ich bin sehr bange, daß Ihr Euch hier langweilt. Ihr seid so jung, und hier ist es so einförmig."

Helwig streichelte die alte Frau auch.

„Ich fühle mich so sehr wohl hier. Ich kann mich nicht erinnern, daß ich mich je irgendwo besser befunden hätte," versicherte sie.

Mutter Ols strahlte vor Befriedigung. Sie war entzückt von dem jungen Mädchen, und es fiel ihr nicht im Traume ein, sich an dessen unbewußt herablassender Freundlichkeit zu stoßen.

„Sagt, Mutter Ols, wer ist Mons' Mutter?"

Das Gesicht der alten Frau veränderte sich. Es war klar, daß die Frage ihr unangenehm war.

„Ein Mädchen hier aus Skalunga. Sie ist jetzt in Amerika."

„Und der Vater sitzt im Gefängnis?"

„Ja, das tut er. Wie wißt Ihr etwas von der Geschichte?"

„Der Pastor hat mit mir davon gesprochen."

„Hat Erik das getan?"

Das wunderte die alte Frau. Sie selbst trug Bedenken, über so eine unheimliche und häßliche Geschichte mit einer jungen Dame zu sprechen, die doch gewiß nichts Derartiges kannte, und dann sollte Erik es getan haben! Aber da er es getan hatte, mußte es natürlich richtig sein – und dann könnte sie es ebensogut tun, meinte sie.

„Der Pastor hat nicht viel gesagt. Wollt Ihr mir nicht die ganze Geschichte erzählen, Mutter Ols?"

Das tat die Alte denn auch.

„Das schlimmste ist," schloß sie, „daß der schlechte Kerl geschworen hat, sich an Erik zu rächen. Wenn er dabei bleibt, wird es gefährlich, wenn er herauskommt."

„Vielleicht hat er seine Drohung vergessen oder ist im Gefängnis anders geworden," bemerkte Helwig.

„Man muß es hoffen; aber er sah nicht aus wie einer, der vergißt. Es war ein unheimlicher Kerl."

„Ist Mons ihm ähnlich?"

„Das feuerrote Haar hat er vom Vater."

„Vielleicht viel anderes Häßliches auch. Findet Ihr nicht, Mutter Ols, daß es unangenehm ist, ihn im Haus zu haben?"

„Erik will sich seiner annehmen, und da darf man ihn nicht hindern."

„Es kann doch nicht eines Pastors Pflicht sein, sich aller verlassenen Kinder anzunehmen!"

„Nicht aller, aber derjenigen, die ihm in den Weg kommen."

„Sagt, Mutter Ols," sprach sie, zu einem anderen Gegenstand übergehend, „es steht wohl nichts im Wege, daß ich mitunter hier oben sitze und male? Ich hätte Lust, die Aussicht von dem Fenster zu malen."

„Das hat keine Schwierigkeit. Ich will Anna hier scheuern lassen, damit es etwas gemütlicher wird."

15.

Helwig freute sich bei dem Gedanken, im oberen Stockwerk sitzen und malen zu können, denn auch dort konnte sie hören, wenn die Mutter klingelte. Und wenn sie einmal hinunterging, brauchte sie nichts wegzuräumen, denn niemand kam hier herauf.

Aber eines Tages, als sie nach einem ganz kurzen Aufenthalt bei ihrer Mutter nach oben zurückkehrte, fand sie ihre Malerei mit groben Pinselstrichen und großen Farbenklecksen beschmiert. Mehrere der Farbentuben waren ganz oder teilweise leergedrückt.

Wer konnte das getan haben? Konnte es jemand anders als Mons gewesen sein? Aufs höchste über die Verwüstung aufgebracht, ging Helwig gleich auf die Suche nach Mons.

Sie fand ihn im Hof bei der Pumpe damit beschäftigt, sich zu waschen. Farbenkleckse im Gesicht, auf den Händen und dem Anzug bewiesen seine Schuld aufs deutlichste.

„Ungezogener Junge! Wie wagtest du es, meine Malerei anzurühren?" Mons antwortete nicht, sondern fuhr nur fort, mit der einen Hand Wasser zu pumpen, während er die andere so unter den Wasserstrahl hielt, daß er sich geradeswegs auf Helwig richtete. Er war schlau genug, dabei so harmlos auszusehen, als geschähe es nicht mit Willen.

Helwig, die sich in der Absicht, ihn handgreiflich zurechtzuweisen, genähert hatte, sprang nun vor dem Wasserstrahl beiseite. Daß das ihren Zorn nicht dämpfte, versteht sich von selbst.

„Niederträchtiger Bengel! Dafür gibt es etwas!"

Mutter Ols, die die Pumpe vom Küchenfenster sehen konnte und Helwigs Stimme gehört hatte, trat nun hinzu.

„Er hat meine Malerei und meine Farben verdorben, und nun spritzt er mich auch noch! Er verdient Prügel!" erklärte Helwig.

„Wie kannst du dich so schlecht aufführen!" rief Mutter Ols streng aus und griff in des Knaben rote Perücke, um ihn an den Haaren zu ziehen.

Aber er umfaßte ihren Arm mit seinen kleinen klauenartigen Händen und wehrte sich durch Kratzen und Kneifen. Seine Augen funkelten vor Schreck und Wut.

Mutter Ols ließ sein Haar los, um statt dessen seine Arme zu fassen und sich vor seinem Kratzen zu schützen. Sie überwältigte ihn leicht, denn er war doch nur klein, obgleich er für sein Alter stark war. Selbst ihre gewöhnlich so ruhigen, etwas schwermütigen Augen blitzten. Sie war sehr zornig und schüttelte ihn unsanft.

„Nun bittest du das Fräulein um Verzeihung."

„Ich habe nichts getan."

Helwig faßte seine Jacke mit festem Griff und zeigte auf die Farbenkleckse darin.

„Wo hast du die denn her?"

Des Jungen einzige Antwort war, daß er versuchte, sie mit den Füßen zu treten; das glückte ihm aber nicht, weil Mutter Ols ihn rechtzeitig beiseite riß.

„Komm mit mir, du!" sagte sie drohend und schleppte ihn in einen dunklen Verschlag, wo sie ihn einsperrte.

Ohne auf sein Geschrei und Gepolter zu achten, kehrte sie zu Helwig zurück.

„Ich bin ratlos wegen des Burschen," klagte sie.

„Er müßte fort von hier," sagte Helwig mit dem Ton einer Gekränkten.

„Hat er viel verdorben?"

„Kommt und seht selbst."

Mutter Ols sah es und seufzte.

„Was wird Erik dazu sagen, und wie wird er den Jungen dazu bringen, zu gestehen?"

„Es ist wohl nicht nötig, daß er gesteht. Es ist ja mit Händen zu greifen, daß er es getan hat. Prügel sollte er ohne weiteres haben, und das so, daß er drei Tage nicht sitzen könnte!"

Helwig war sehr aufgebracht, und Mutter Ols wurde immer kummervoller.

„Gewiß sollte er etwas mit der Rute haben," sagte sie.

Es schien aber, als glaubte sie nicht recht daran. –

Als Ols ein paar Stunden später nach Hause kam, wurde ihm die Sache mitgeteilt. Er hörte schweigend zu, und als er erfuhr, daß Mons noch eingesperrt war, ging er zu dem Verschlage.

Es war jetzt schon lange still darin. Als er die Tür öffnete, purzelte Mons heraus, so fest hatte er darangedrückt gesessen. Er fiel dem Pflegevater auf die Füße. Mit wildem Schrecken, im Trotz der Verzweiflung, blickte er zu Ols auf. Wirst auch du mich jetzt schlagen? Alle schlagen mich, aber ich werde jeden mit den Füßen treten und hauen! So sprach der Blick. Die Lippen schwiegen.

Ein herzliches Erbarmen erfüllte Ols. Er beugte sich hinab.

„Sei nicht bange vor mir!" sagte er sanft und hob den Knaben auf.

Die Ruhe, die ihn immer am meisten kennzeichnete, gerade wenn sich seine innere Kraft auf Kampf bis zum Sieg vorbereitete, gab nun sowohl seiner Stimme wie seiner Bewegung ihr Gepräge und gewann Macht über den gequälten, wilden, kleinen Knaben, der zuerst vor Zorn und dann vor Angst im dunklen Winkel halb von Sinnen gekommen war. Mons verbarg das Gesicht in des Pflegevaters grober Jacke und ließ sich ohne Widerstand forttragen.

Ols ging in seine Stube und setzte sich, immer noch mit dem Knaben im Arm, an den Schreibtisch. Ab und zu streichelte er mit der mächtigen, beruhigenden Hand den kleinen Kopf, der an seiner Brust ruhte. Es war ihm nicht möglich, böse auf das Kind zu werden, obgleich er wußte, daß das von ihm verlangt wurde; Helwig und seine Mutter hielten es für unbedingt nötig, und der Knabe selbst erwartete es auch. Das Mitleid, das sich seiner bemächtigte, als das kleine, verzweifelte Jungenbündel ihm aus dem Winkel vor die Füße rollte, beherrschte ihn. Er war innerlich erregt, aber nicht über die Vergehen des Knaben, sondern über die Behandlung, der er ausgesetzt gewesen war. Einem Kind, das ein Opfer böser Einflüsse ist, mit Bösem zu begegnen, und es im Dunkeln einzusperren, obgleich es Angst vorm Dunkeln hat, das schien ihm ein größeres Unrecht zu sein als das, welches Mons begangen hatte.

Ols sah nach, ob der Knabe schliefe. Nein, die Augen waren offen und begegneten den seinigen. Der wilde Schreck war daraus gewichen und der Trotz ebenfalls, aber daß dergleichen Gefühle bei der geringsten Veranlassung wieder geweckt werden könnten, lag deutlich genug in der unsicheren, argwöhnischen Verwunderung, die aus den Augen hervorsah.

„Warum willst du nicht eingestehen, daß du die Malerei verdorben hast?"

Mons blickte bekümmert weg.

„Du tatst es doch?"

„Ja," kam es schwach heraus.

„Warum leugnetest du es denn?"

„Die waren so wütend."

„Mußtest du darum lügen?"

Mons schwieg.

„Warum verdarbst du das Bild?"

„Ich wollte nur versuchen zu malen."

„Du wußtest doch, daß du das nicht durftest!"

„Niemand hatte es mir verboten."

„Du wußtest aber gut, daß du das nicht durftest, was du tatst. Sag' mal, du hättest es doch nie getan, wenn dich jemand gesehen hätte?"

Das mußte Mons, wenn auch stockend, zugeben.

„Es war auch sehr häßlich von dir, das Wasser auf Fräulein Helwig zu richten."

„Das tat ich nicht mit Willen."

„Ist das gewiß? Flunkerst du mir jetzt nichts vor, Mons?"

„Ich wollte es eigentlich nicht," murmelte der Knabe.

„Du wolltest es, Mons."

Bei dem Ton war es nicht möglich, sich herauszuwinden. Statt dessen nahm Mons seine Zuflucht zu einer Entschuldigung.

„Sie wollte mich schlagen," erklärte er.

Das Wasser war seine Verteidigungswaffe gewesen. Es war ja so verführerisch nahe zur Hand. Ols begriff das so gut, daß es ihm schwer wurde, deshalb streng zu sein. Er ging daher zum nächsten Vergehen über.

„Wie konntest du Mutter kratzen und treten wollen, die doch immer nur gut gegen dich ist?"

„Sie zog mich an den Haaren."

„Daran tat sie ganz recht, da du ungezogen warst."

Mons schwieg, aber nicht aus Tücke.

„Willst du Mutter und Fräulein Helwig um Verzeihung bitten, da du ungezogen gegen sie warst?"

Mons wand sich und schwieg.

„Du tust es doch, wenn ich dich darum bitte?"

Aber Mons drückte sich an den Pflegevater und bohrte sein kleines Gesicht in dessen Arme.

Ols streichelte des Knaben Kopf leise. Seine geraden Augenbrauen zogen sich so zusammen, daß eine tiefe Falte dazwischen entstand. Was er sich jetzt gezwungen sah zu sagen, war ein Wagnis, das ihn beunruhigte und quälte.

„Mons, wenn du sie nicht um Verzeihung bittest, muß ich dich strafen."

Der Junge fuhr zusammen.

„Gott weiß, ich möchte es nicht, aber du zwingst mich dazu, wenn du das Schlechte, das du getan hast, nicht wieder gutmachen willst. Du kannst es, wenn du sie um Verzeihung bittest."

In der festen Stimme lag eine Aufforderung, die Mons gleichsam an der Hand faßte und ihn dahin führte, wohin er nicht wollte.

„Ich trau mich nicht."

„Das ist nichts Gefährliches. Niemand wird dir etwas Schlimmes tun. Wenn du willst, will ich mit dir zu ihnen gehen."

Mons drückte sich fester an den Pflegevater.

„Noch nicht!" bat er.

Ols sah ein, daß er einen nicht unbedeutenden Sieg über das Böse in dem armen Kind errungen hatte, und er fühlte seine Macht. Er erkannte aber auch, daß gewisse Kräfte der Umgebung geeignet waren, seinem Einfluß entgegenzuarbeiten. Die gefährlichste war Helwigs Widerwille gegen Mons. Der Junge fühlte und erwiderte ihn, und das war ihm zum Schaden. Und heute hatte die Mutter auch einen Eindruck davon bekommen und in Übereinstimmung damit gehandelt. Ols wußte, daß seine Mutter sich um seinetwillen des Kindes angenommen hatte und sich noch immer mit gewohnter Pflichttreue der täglichen Aufgabe entledigte. Wenn sie sich aber jetzt von Helwigs Widerwillen anstecken ließe, dann würde es ihr schwer werden, ihre Aufgabe zu erfüllen, und die Kraft, die seinem Einfluß auf den Knaben entgegenwirkte, würde gefährlich gestärkt. Hinsichtlich Helwigs konnte er nicht viel tun, aber seine Mutter konnte und mußte er wieder ganz auf seine Seite ziehen.

Absichtlich saß er lange mit Mons auf dem Schoß und streichelte dessen Kopf, damit er fest schliefe; denn bevor der reuige kleine Sünder erwachte, wollte er mit seiner Mutter sprechen. Vorsichtig legte er nun den schlafenden Knaben auf das Sofa und ging, seine Mutter aufzusuchen.

In dem Stübchen neben der Küche fand er sie, wo sie allein saß und Strümpfe stopfte.

Er setzte sich auf den Bettrand, stützte die Ellbogen auf die Knie und hielt die Fingerspitzen aneinander. Sie begriff, daß er käme, um über Mons zu sprechen; aber sie fragte nicht, wenn sie auch gespannt war.

„Mons hat gestanden."

„Wie brachtest du ihn dazu?"

Er sah seine Hände an, als wollte er sehen, wie die Fingerspitzen aneinander paßten.

„Es ist schade um den Jungen," sagte er, und ließ die Frage der Mutter unbeantwortet.

„Ja, weil er so ungezogen ist," stimmte sie mit einer gewissen Schärfe zu.

„Du findest, daß ich zu schwach gegen ihn bin, Mutter?"

„Ich muß es finden."

„›So ein Mensch etwa von einem Fehl übereilet würde, so helft ihm wieder zurecht mit sanftmütigem Geist‹, sagt der Apostel. Das gilt wohl auch von einem, der mit mehr Erbsünde behaftet ist als wir anderen."

Die Schärfe verlor sich aus den Zügen der Mutter. Wenn der Sohn ein Wort Gottes mit in die Unterhaltung zog und damit den strittigen Punkt beleuchtete, dann merkte sie, daß er als Pastor zu ihr redete. Vor dem Amt hatte sie große Ehrfurcht und demütigte sich. Sie beugte den Kopf über ihre Stopfarbeit und schwieg.

„So einer hat doch ein Recht auf unsere Sanftmut bei der Zurechtweisung. Oder was meinst du, Mutter?"

Sie ließ die Arbeit in ihren Schoß sinken und faltete die Hände darüber. Dann dachte sie an die Heftigkeit, mit der sie Mons gestraft hatte. Aber davon wußte ihr Sohn doch nichts, also konnte er sie deshalb nicht tadeln. Vielleicht war das auch gar nicht seine Meinung. Er sagte „wir" und „unser". Das deutete darauf, daß er das Gotteswort ebensowohl auf sich bezog wie auf sie. Aber sie wußte wohl, daß er dem reiner gegenüberstand als sie.

„Da du es willst, tue ich mein Bestes für den Jungen; aber es ist schwer, immer Geduld mit ihm zu haben. Und ich habe auch nicht die Liebe zu ihm, die du hast. Woher hast du die? Ich habe mich mehr als einmal darüber gewundert."

„Ich glaube, Gott hat die Liebe für den Knaben in mein Herz gelegt, die Liebe, die er eigentlich bei seiner Mutter finden sollte, die sie in ihrem Jammer nicht aufbringen konnte."

Mutter Ols wurde immer weicher, und ihre Ehrfurcht vor dem Pastor in ihrem Sohn nahm zu.

„Wenn ich des Kindes Vormund wäre und ein Vermögen für ihn zu verwalten hätte, so wäre ich unredlich, wenn ich ihm etwas von der Liebe, die Gott nur zu ihm ins Herz gelegt hat, vorenthielte. Also, liebe Mutter, sieh es nicht als Schwachheit an, wenn ich den Jungen mit Liebe behandle, selbst wenn er unartig ist, ja, dann am allerwenigsten!"

Mutter Ols war gerührt, es schimmerte sogar eine Träne in ihren Augen.

„Nimm von dem Liebesschatz, den du in deinem Herzen für mich hegst, Mutter, und gib Mons etwas davon! Er braucht es."

Wie hätte sie einer solchen Aufforderung widerstehen können!

„Ich will es tun," sagte sie. „Und deshalb bekommst du nicht weniger davon."

Ols war zufrieden. Er sah, daß er seine Mutter mehr als je auf seiner Seite hatte.

16.

Ols kehrte in sein Zimmer zurück, wo Mons in tiefem Schlaf auf dem Sofa lag. Sein Herz erbarmte sich des armen Kleinen.

„Lieber Gott und Vater, hilf mir, daß ich ihn dazu bringe, um Verzeihung zu bitten, ohne daß ich ihn strafen muß!"

Mit dieser Bitte im Herzen setzte er sich zur Arbeit an den Schreibtisch.

Nach langer Zeit wachte Mons auf. Er hatte sich von der heftigen Gemütsbewegung, die ihn ermattet hatte, erholt.

Der Pflegevater erinnerte ihn an sein Versprechen. Mons war durchaus nicht willig, es einzulösen; aber sein Pflegevater faßte ihn an der Hand und führte ihn zu seiner Mutter. Hier war es eine leichte Sache. Sie vergab ihm, ohne auf seine gestammelte Bitte zu warten.

Bei Helwig war es schlimmer. Sie saß am Klavier und spielte, als Ols Erik mit Mons an der Hand hineinkam. Als sie die beiden neben sich stehen sah, hörte sie auf zu spielen.

„Mons bittet um Verzeihung für das, was er getan hat."

„Ich höre ihn gar nichts sagen."

Ols blickte auf den Knaben hinab.

„Nun, Mons, hast du vergessen, was du sagen solltest?"

Mons schwieg, und der tückische Ausdruck seines kleinen Gesichtes verhieß nichts Gutes.

Da faßte der Pflegevater mit der Hand um seinen Nacken und wandte sein Gesicht zu sich hinauf und zwang die blinzelnden, unruhigen Augen, seinem eigenen festen, mitleidigen Blick zu begegnen.

„Denkst du an das, was ich tun muß, wenn du nicht abbitten willst?"

Eine zuckende Bewegung entstellte das Gesichtchen, aber Mons schwieg.

Da beugte sich Ols zu ihm nieder.

„Was solltest du nun sagen?" fragte er ermunternd, als gälte es, dem Kleinen bei einer Schulaufgabe zu helfen.

„Verzeihung!" stammelte er.

Seine Augen hingen an denen des Pflegevaters aus Angst vor der Strafe.

„Hörten Sie es?" fragte Ols und wandte sich an Helwig.

„Ja, aber es wurde nicht zu mir gesagt." "Wollen Sie denn nicht vergeben?"

„Ja, trotz alledem."

„Du hörst es, Mons. Das Fräulein vergibt dir. Nun lauf zu Mutter in die Küche."

Mons ließ sich das nicht zweimal sagen.

Helwig lachte.

„Wozu diente die Komödie?"

„Sind Sie denn nicht ausgesöhnt?"

Wieder lachte sie leicht auf. Es sollte Gleichgültigkeit vorstellen.

„Ausgesöhnt! Sie brauchen so starke Worte. Gerade, als wenn ich mir etwas aus dem Bengel machte! Ich möchte nur wissen, was aus ihm werden soll, da Sie solche Angst davor haben, die Rute zu brauchen."

„Warum sollte ich ihn schlagen, da er auf andere Weise weich wurde?"

„Er hätte eine tüchtige Tracht Prügel verdient."

Die Erinnerung an des kleinen Gelbschnabels Benehmen machte Helwigs Ton hitzig.

„Mir tut es sehr leid, daß Sie in meinem Hause solchen Unannehmlichkeiten ausgesetzt sind."

Sein Ton war aufrichtig, aber sie war zu ärgerlich, um dem gerecht zu werden.

„Es tut Ihnen viel mehr leid, daß Ihr Liebling gestraft wurde, ehe Sie nach Hause kamen und ihn mit aller Weichheit behandeln konnten."

Sie klimperte eine kleine unruhige Melodie mit einer Hand, während sie sprach. Da er nicht antwortete, blickte sie in sein Gesicht hinauf.

„Können Sie leugnen, daß es so ist?" fragte sie.

„Ich weiß kaum, was ich am meisten beklage, Ihr vernichtetes Gemälde und durchnäßtes Kleid, oder das verwirrte und erschreckte Gemüt des armen Kleinen. Ich verteidige seine Ungezogenheit nicht, aber ich halte dafür, daß Erwachsene Kindern mehr Böses tun können, als Kinder den Erwachsenen. Ihr Widerwille gegen Mons schadet ihm. Sie hätten ihm eben mit etwas Freundlichkeit helfen können, um Verzeihung zu bitten, aber Sie zogen vor, es ihm zu erschweren."

„Das war seine Ungezogenheit, nicht ich."

„Man spricht laut mit einem Tauben und führt einen Blinden, ebensogut muß man bei einem ungeratenen Kind Rücksicht auf seine Ungeratenheit nehmen. Das eine ist ein körperlicher Fehler, das andere ein Geistesfehler."

„Das wäre bequem, alle unsere Fehler so zu nehmen!"

„Aber nicht bequem, die Fehler anderer so zu nehmen."

Sie blickte belustigt und kampfbereit zu ihm auf.

„Wie nehmen Sie Ihre eigenen Fehler?" beharrte sie. „Wie Geistesfehler, gegen die man nichts tun kann?"

„Ja. Und ich suche einen Arzt dafür."

„Einen Arzt?"

„Ja. Den großen Arzt."

Seine Antwort entwaffnete sie, lenkte ihr Interesse aber auch auf ein neues, würdigeres Gebiet.

„Kämpfen Sie denn gar nicht dagegen?"

„So wie man von einem Kranken sagen kann, daß er gegen seine Krankheit kämpft, wenn er den Verordnungen des Arztes Folge leistet."

„Dann sehen Sie die Sünde nur als eine Krankheit an?"

„Was ist sie anderes?"

„Aber dann fällt die Schuld weg?"

Sie war von ihrer Gegenfrage entzückt; denn sie sah, daß sie ihn zu scharfem Nachdenken zwang und ihm auch sichtlich vermehrtes Interesse für das Wortgefecht einflößte. Bis jetzt hatte er steif neben ihr gestanden, als wolle er gleich wieder gehen, jetzt machte er sich bereit, zu bleiben. Er stützte den Ellbogen oben auf das Klavier und legte die Hand um den Nacken.

„Die Sünde ist eine selbstverschuldete, ansteckende Krankheit. Wenn man den Vorschriften des Arztes nicht gehorcht, wird sie schlimmer und geht auf andere über. Urteilen Sie selbst, ob ein Mensch dadurch Schuld auf sich ladet! Andererseits kann man davon genesen und verhindern, daß sie andere ansteckt, wenn man dem Arzt gehorcht. Die Schuld wird vergrößert, wenn man in dieser Hinsicht nicht sein möglichstes tut."

„Aber wenn Sie es so ansehen, als wäre die Sünde eine selbstverschuldete Krankheit, warum strafen Sie dann einen solchen Kranken wie Mons nicht, damit er lernt, seine Schuld einzusehen?"

„Die Krankheit der Sünde ist erblich. Ein Kind, das noch keinen Verstand für die Vorschriften des Arztes hat, muß zur Kenntnis und zum Gehorsam derselben geführt werden. Und wenn das im Guten geschehen kann, braucht man nicht zu strafen."

„Glauben Sie nicht doch, daß Liebe bei Mons weggeworfen ist? Würde er nicht eine Tracht Prügel besser verstehen? So wie er ist, eine Gassenjungennatur?"

„Wir haben eine verschiedene Auffassung von Mons," sagte Ols ziemlich kurz. „Ihn zu schlagen, nachdem er bekannt hat, wäre doch nur Rache. Können Sie sich nicht ohne das zufrieden geben?"

Es gefiel ihm augenscheinlich nicht, daß man im Widerstand gegen ihn beharrte. Helwig hatte vom ersten Augenblick an geahnt, daß er etwas vom Despoten an sich hatte, und nun sah sie diese Ahnung bestätigt.

„Ich möchte Sie um eins bitten, Fräulein Helwig. Machen Sie den Weg des Kindes nicht schwerer, als er schon ist! Es ist gefährlich, eines dieser Kleinen zu ärgern."

Sie errötete stark. Der Vorwurf, der in seinen Worten lag, traf.

„Ich wüßte nicht, daß ich das getan hätte," sagte sie steif.

„Sie mögen ihn nicht, und das fühlt er."

„Kann ich etwas dafür? Er ist mir so unsympathisch. Und durch Ihre Schwachheit wird er unglaublich verzogen und immer unausstehlicher."

Damit wandte sie sich dem Klavier zu und blätterte mit zitternden Händen im Notenbuch. Sie wunderte sich, daß der Wortwechsel sie so aufgeregt hatte. Ihre Wangen brannten wie im Fieber. Allzugern hätte sie gewußt, was er dachte, während er dastand und sie beobachtete, ohne auf ihre scharfen Worte zu antworten.

Sie wollte ihn fort haben und seine schweigende Beobachtung ihres erhitzten Gesichts hindern, darum faßte sie den oberen Klavierdeckel, auf den er den Ellbogen stützte. Er nahm den Arm gleich fort und half ihr, den Deckel zu heben. Dann setzte sie sich zurecht und fing an, das erste beste Stück zu spielen.

Er ging an eins der Fenster und setzte sich dort hin, aber ehe sie das Stück beendet hatte, stand er auf und ging hinaus, denn er sah jemand auf das Haus zukommen. Helwig spielte weiter, peinlich berührt und unzufrieden mit ihm, mit sich und mit der ganzen Welt.

Zum Spielen war sie zu aufgeregt und hörte darum bald auf. Zur Mutter wollte sie auch nicht hineingehen, denn sie war sich bewußt, daß sie erregt aussähe. Statt dessen ging sie hinaus auf die Höhe.

Es quälte sie, daß sie sich über den Pastor und seinen unausstehlichen Schützling ärgerte. Sie war nun schon zum zweitenmal um des Jungen willen beiseite geschoben worden. Das erste Mal hatte der Junge, streng genommen, nichts Unrechtes getan, aber jetzt! Daß er nach all seiner Unart und Ungezogenheit so leicht davonkam, und *sie*, die Benachteiligte, ermahnt wurde und sogar Vorwürfe hinnehmen mußte – das war unerhört! Der Gedanke daran empörte Helwig. Ihre Wangen glühten, ihre Augen flammten, und sie stieg mit mächtigen Schritten den Berg hinauf.

Es war ein heller Abend. Die Sonne schien schräg durch die Bäume und das Gemurmel eines kleinen Baches in der Nähe plauderte unaufhörlich in seiner wortlosen, aber fröhlichen und beruhigenden Sprache. Die kühle Luft umschmeichelte ihr Gesicht und füllte ihre vom schnellen Gehen hastig atmenden Lungen. Unbewußt nahm sie die Ruhe der Umgebung in sich auf und fing an, geordneter zu denken.

Es war etwas Merkwürdiges mit diesem Pastor, wie er alle beherrschte! Helwig hätte gern gewußt, worin das Geheimnis seiner Macht lag. Seine Mutter tat alles, was er wollte. Helwig dachte mit einem gewissen humoristischen Ärger, daß die alte Frau gewiß schon Buße für ihre wohlbegründete Strenge gegen Mons getan habe. Die Dienstboten gehorchten Ols so vollständig, daß sie nicht einmal seine Anweisungen brauchten, sondern ihre Arbeit von selbst taten. Ihre eigene Mutter richtete sich, ohne nachzudenken, in allem nach ihm. Sie machte keinen Unterschied zwischen ihm und dem Doktor, außer daß sie dem Doktor mit Einwendungen kam, niemals aber dem Pastor, zu dem sie ein unbegrenztes Vertrauen hatte. Dafür, daß er seine Gemeinde beherrschte, hatte Helwig mehrere Beweise. Das hatte er sogar selbst bezeugt, als er sich im Tischgespräch mit dem Alten aus Hocklingen „allzu eigenmächtig" genannt hatte! Und ein Mal nach dem anderen war auch sie von ihm überwunden worden.

Er war ein Despot, aber – –. Sein Despotismus weckte nicht *nur* Verdruß bei ihr, und auch bei allen anderen hatte sie keine Spur von Verdruß gemerkt. Sie beugten sich willig unter ihn und gediehen unter seiner Herrschaft. Ja, sogar der kleine ungezogene Mons, gegen den er so schwach war, wurde doch von ihm beherrscht. Das konnte sie jetzt bei ruhigerem Nachdenken nicht leugnen.

Helwig dachte an den Ausdruck, den des Pastors Gesicht getragen hatte, als er sich zu Mons hinabgebeugt hatte, um ihn zu bewegen, das schwere Wörtchen „Verzeihung" zu sagen. Bei dieser Gelegenheit hatte sie der Mangel an Strenge erzürnt, aber jetzt in der Erinnerung sah sie es mit anderen Augen an und mußte gestehen, daß es unvergleichlich gewesen war. Des Knaben Ungezogenheit war dadurch überwunden worden, und das fand Helwig jetzt ganz natürlich, seit sie selbst anfing, die Unwiderstehlichkeit seines Wesens zu empfinden.

Sein Despotismus war nicht gewollte Anmaßung, sondern Naturgabe. Er war auch nicht selbstsüchtig, denn wenn er seinen Willen durchsetzen wollte, tat er es niemals mit der Absicht, seine Macht zu fühlen oder sie andere fühlen zu lassen. Er hatte immer etwas Bestimmtes im Auge.

In der Erinnerung durchging sie noch einmal die Unterredung mit ihm in allen Einzelheiten. Sie erinnerte sich seiner Worte und Mienen. Selbst gegen sie war er erbarmungsvoll und fest. Selbst sie hatte er so gut wie Mons getadelt.

Wieviel er dem Knaben unter vier Augen über dessen Vergehen gesagt hatte, wußte sie ja nicht, aber sie glaubte doch sicher, daß er gegen sie strenger war. Sie hätte sich gegen Mons der Sünde, eines dieser Kleinen zu ärgern, schuldig gemacht! Und jemand, der das tut, dem wäre es besser, daß ihm ein Mühlstein um den Hals gehängt würde. So streng verurteilte er sie! Bei dem Gedanken fingen Helwigs Wangen, die kühler geworden waren, wieder an zu brennen. Jetzt aber nicht vor Entrüstung, sondern vor Scham. Es peinigte sie, daß er sie so hatte sehen müssen. Fand er sie herzlos? Sie hatte früher nie daran gedacht, daß sie das sein könnte!

Aber wie er sie auch ansehen mochte, und was für Fehler er an ihr zu finden glaubte, so hatte er ihr doch niemals Verachtung oder Ärger bezeigt. Er sah etwas in ihrem Innern, das ihn ansprach. Gerade wie es ihm mit Mons ging!

Sie mußte innerlich lachen bei der Entdeckung, daß er sie und Mons auf dieselbe Weise behandelte. Bei beiden blickte er durch die Schale auf den Kern, ohne sich durch ihrer beider verschiedenartige Fehler oder ihre eigenen Vorzüge irre machen zu lassen.

Er hatte von seiner Liebe zu Mons gesprochen, und es war klar, daß er für den Jungen eine große, erbarmende Liebe fühlte. Das war das Geheimnis seiner Macht über den Jungen. War Liebe auch das Geheimnis seiner Macht über sie? Das hätte Helwig gern gewußt. Wie heftig es sie auch jedesmal aufregte, wenn er sie überwunden hatte, so konnte sie ihm im Grunde doch nicht zürnen, und immer mehr festigte sich seine Macht über sie nach jedem Streit. Wenn Liebe die Ursache war, war es dann dieselbe Art erbarmender Liebe, die Mons ihm einflößte? Helwig lachte innerlich wieder bei der Vorstellung, daß sie der Gegenstand einer derartigen Liebe eines Mannes sein könnte, sie, die eine ganz andere Art Liebe gewohnt war. Kannte der Pastor denn keine andere Liebe als die erbarmende?

Bei dem Gedanken lächelte sie leise, halb spöttisch, halb gutmütig anerkennend. Sie dachte an sein unfertiges Gesicht mit seinen großangelegten Zügen. War es ein Sinnbild seines bisher nur zugehauenen, aber in seinen Einzelheiten noch nicht fertig ausgemeißelten Wesens? War es der Liebe vorbehalten, diese Ausmeißelung an ihm vorzunehmen?

Schlicht, großartig und herzenbeherrschend war er in seiner Hirtenliebe. Wie würde er wohl in der Liebe sein, die den Mann dem Weibe zu Füßen legte?

Helwig blickte mit leuchtenden, träumerischen Augen über Skalunga hinaus, das in der Abendsonne glühte. Das Kreuz der Kirche leuchtete so blendend gegen den Abendhimmel, daß sie es nicht ansehen konnte, ohne nachher, wohin sie auch blickte, ein dunkles Kreuz zu sehen.

Wollte das Kreuz ihre Gedanken beantworten? War das Kreuz der Grund seiner Hirtenliebe und würde es ihn in all seine Liebe hineinbegleiten?

17.

Baronin Furuclou hatte, während Helwig das Bildnis Eriks malte, dessen Gesellschaft so sehr genossen, daß sie ihn bat, auch ferner hereinzukommen und bei ihnen zu sitzen, nachdem das Bild fertig war.

Nur zu gern kam er dem Wunsch nach. Er hätte es auch getan, wenn es ein Opfer erfordert hätte; denn allen Leidenden gegenüber hatte er ein offenes Herz, und er fühlte, welch ein Leiden es sein mußte, eine Woche nach der anderen still mit gestrecktem Bein auf dem Rücken zu liegen. Aber ihm war es kein Opfer, seine freien Augenblicke in dem Krankenzimmer zuzubringen. Gerade wie die Baronin und Helwig seine Gesellschaft liebten, so hatte er auch Geschmack an der ihren bekommen. Ihm selbst unbewußt, hatte in ihm ein Bedürfnis geschlummert, das jetzt geweckt worden war, das Bedürfnis nach dem Verkehr mit gebildeten Damen. Ohne darüber nachzudenken, genoß er das Maßvolle in ihren Reden und Gebärden, und die veredelnde Wirkung des Verkehrs mit ihnen. Helwigs künstlerische Schulung und ihre feine Auffassung des Schönen in allen seinen Formen entwickelte seinen Schönheitssinn, der sich wie ein reicher Rohstoff in ihm fand. Er wußte, daß vieles in ihm lag, das erst durch den Umgang mit ihr zu seinem Recht kam. Mit gebildeten Männern war er wohl zusammengekommen, aber sehr wenig mit gebildeten Frauen. Und er glaubte die Beobachtung zumachen, daß die Bildung der Frau, wenn sie gründlich ist, noch vollkommener ist, als die des Mannes; denn der Mann darf sich verschiedenes erlauben, ohne deshalb das Gepräge seiner Bildung zu verlieren, was bei der Frau gar nicht in Frage kommen kann.

Die beiden Damen, die so unvermutet seine Gäste wurden, hatten vom ersten Augenblick an Eingang in sein Herz gefunden, die eine durch den Unglücksfall, der sie betroffen, die andere durch ihre herzliche Sorge um die Mutter. Das geduldig ertragene Leiden der Baronin erregte sein Mitleid immer mehr. Ihr Alter, ihr Stand und ihr feines weibliches Wesen flößten ihm eine Ehrerbietung ein, der er sich willig hingab.

Helwig gegenüber waren seine Gefühle weniger einfach. Seit die Sorge der ersten Tage gewichen war und sie ihr Haupt hatte wieder erheben können, erregte sie sein Herz nicht mehr; denn er hatte bisher nur solche Liebe für andere empfunden, in die sich mehr oder weniger Barmherzigkeit gemischt hatte. Er war in seinem ganzen Wesen so stark, daß er selbst als Kamerad und Freund mehr der Gebende als der Empfangende war. Nur zuallererst beanspruchte sie seine Teilnahme. Bald erhob sie sich wie eine Feder aus Druck und Sorge. Und dann wurde sie stolz gegen ihn. Sie wollte nichts von seinem Mitleid wissen, und noch weniger von seinem Erbarmen. Darum hatte sie z. B. seine Gastfreiheit nicht annehmen, sondern so dafür bezahlen wollen, daß es ihm zum Vorteil wurde. Als er sie so sah, wie sie war, reizte es ihn, den Kampf mit ihr aufzunehmen, und er hatte es auf seine ruhige, unangreifbare Weise getan, die sie immer wieder aufs neue verwirrte, aufregte und fesselte.

Er sah ihre Fehler deutlich. Sie waren ja auch so augenfällig, daß sie leicht von dem, der sich nicht durch ihre Schönheit irre machen ließ, entdeckt wurden. Stolz, verzogen und selbstsüchtig war sie. Vielleicht auch oberflächlich, dessen war er aber nicht ganz sicher. Jedenfalls machte sie den Eindruck, und das beruhte wohl teils auf ihrer Lebhaftigkeit, teils auf dem Stolz, der sie hinderte, den Leuten zu zeigen, was sich tief innerlich in ihr fand. Ihres Stolzes war sie sich augenscheinlich bewußt. Aber er glaubte zu bemerken, daß sie nichts von ihrer Selbstsucht wußte und sich nicht für verzogen hielt. Das schloß er daraus, daß sie ihre Selbstsucht ganz unbefangen verraten konnte, ohne es zu merken. Bezeichnend war die geringfügige Begebenheit, als sie sagte, ihre oder ihrer Mutter Speisen würden kalt, wenn sie gleichzeitig äßen, weil die Mutter nicht ohne ihre Hilfe zurechtkommen könnte. Wäre sie nicht eigensüchtig, so hätte es nie in Frage kommen können, daß der Mutter Essen kalt würde! – Viele solche kleine Zufälligkeiten enthüllten ihre Selbstsucht vor Ols Eriks beobachtendem Blick.

Ihre Fehler wirkten aber durchaus nicht abstoßend auf ihn, sie vermehrten eher seine Teilnahme für sie. Nach seiner Meinung war es wichtig, einem Menschen dadurch zu helfen, daß man ihm innerste Teilnahme zeigte. Helwig war so begabt, schön und einnehmend, daß es ein großes Unrecht gewesen wäre, ihre Fehler ungehindert gedeihen zu lassen. Er war noch nicht dazu gekommen, über die Fehler, die er an ihr sah, mit ihr zu sprechen, aber durch seine Art arbeitete er ihnen teils absichtlich, teils unwillkürlich entgegen.

Vielleicht war sie oberflächlich; aber ihr Interesse schien ihm rege und weitumfassend zu sein, und gewiß stand ihr Herz auch allem Guten und Schönen offen. Er hatte noch nicht viel Gemüt an ihr entdeckt, setzte aber voraus, daß es da sei. Ein Weib ohne Herz wäre ein Ungeheuer, und seine Einbildungskraft konnte sich so etwas nicht vorstellen.

Aber ihre Lieblosigkeit dem kleinen Mons gegenüber, trotz allem, was er ihr von des Knaben unglücklichem Schicksal erzählt hatte, stimmte ihn doch in dieser Hinsicht nachdenklich. Bei dem täglichen Beisammensein studierte er sie immer eingehender, begierig, das Herz zu entdecken, an das er durchaus glaubte, trotzdem er noch immer vergeblich danach forschte. Als die Abende in der letzten Hälfte des August dunkler wurden und man die Lampe im Krankenzimmer anzündete, wurde es zur Gewohnheit, daß Ols mit einem Buch hineinkam, um vorzulesen, während die Damen Handarbeiten machten. Wenn seine Mutter gerade keine Arbeit vorhatte, setzte auch sie sich mit ihrem Strickstrumpf dazu.

Diese Abende waren so traulich, daß sich alle darauf freuten. Durch das gemütliche Beisammensein, wobei Vorlesung und Unterhaltung abwechselten, lernte man sich immer mehr kennen und schätzen, und man kam einander durch lebhafte Wortgefechte über das Gelesene innerlich näher.

18.

„Daß er den ganzen Tag nicht gekommen ist!" seufzte Eline, die junge Frau in der Seehofskate, und wandte sich vom Fenster. „Nun zur Nacht kommt er gewiß nicht."

„Er kommt doch sonst immer, wenn man nach ihm schickt," sagte die alte Mutter, die an dem Krankenbett ihres Sohnes Jonas, des Kätners, saß.

Die junge Frau blickte wieder durch das Hüttenfenster, obgleich sie an dem trüben, dunklen Septemberabend nichts mehr sehen konnte.

„Vielleicht ist es ›unserm Ols‹ gar nicht bestellt worden," meinte die Alte.

„Niels hat sich sonst immer zuverlässig gezeigt, und er versprach es so bestimmt."

Es war unbegreiflich, daß der Pastor nicht kam! Schon heute morgen war Niels, der Nachbar, von Haus fortgegangen, nachdem er versprochen hatte, einen Abstecher nach dem Predigerhof zu machen. Dort führte sein Weg vorbei, und er wollte den Pastor bitten, zu Jonas zu kommen. Hätte Ols die Botschaft erhalten, so hätte er um die Mittagszeit in der Kate sein können, und nun brach die Nacht herein und er war noch nicht da!

Das abgehärtete Volk hier oben belästigte niemand unnötig mit seinen Sorgen. Sie halfen sich selbst solange wie irgend möglich. Aber nun ging es nicht länger, Hilfe war unbedingt nötig, und da wandte man sich selbstverständlich an „unsern Ols".

Zwei Nächte hatte Eline nicht geschlafen. Jonas war schwer krank, und am schlimmsten wurde es in den Nächten. Sie hatte auch zwei kleine Kinder zu versorgen, eins an der Brust und eins, das eben laufen lernte. Dabei konnte die Großmutter ihr etwas helfen, aber sehr wenig bei dem Kranken; denn ihre Glieder zitterten vor Alter und sie pflegte meist zu liegen. Aber nun hatte sie versucht, sich aufzuraffen, um am Bett zu sitzen und Jonas zu betreuen, während die junge Frau draußen das Vieh besorgte.

Jonas litt schwere körperliche Schmerzen, und seine Seele war beunruhigt. Er sehnte sich danach, mit dem Pastor zu sprechen; aber am allermeisten sehnte er sich nach den wundertätigen Händen, die Schmerzen stillen und Schlaf bringen konnten.

Kein Mensch war jemals in der Kate so herbeigesehnt worden wie Ols; aber der Tag verging und auch die Nacht, ohne daß er kam. Diese Nacht war schwerer als die vorhergehende. Die müden Augen der jungen Frau waren vom Wachen überanstrengt, als endlich der Morgen kam und ein wenig Linderung in des Kranken Zustand brachte.

„Wir müssen wieder nach ›unserm Ols‹ schicken," sagte die Alte.

„Wen kann ich schicken?" fragte Eline in hoffnungsloser Ergebung.

Sie selbst konnte Jonas nicht so lange verlassen, Großmutter war zu schwach, um zu gehen, und im einzigen Nachbarhof gab es auch niemand zum Schicken, seit Niels fort war. Er war weit fort an seine Arbeit gegangen und würde erst in einigen Wochen wiederkommen.

Die Dämmerung ging in den Morgen über, und der Morgen in den Tag. Sogar Elines ungeübte Augen merkten heute eine entschiedene Veränderung zum Schlechteren in ihres Mannes Zustand. Die alte Frau, die trübe sah, merkte nur, daß er ruhiger war, und hielt es für ein gutes Zeichen. Die Ruhe war aber nur ein Beweis, daß die Kräfte abnahmen.

„›Unser Ols‹ muß gestern fort gewesen sein. Sobald er nach Hause kommt, haben wir ihn auch hier," tröstete die Großmutter.

„Wenn er gestern gekommen wäre, hätte er etwas tun können, heute ist es gewiß zu spät," seufzte Eline mit einem Blick aus den armen Jonas. –

Der Tag war noch nicht weit fortgeschritten, als die Tür sich öffnete und der ersehnte Ols eintrat mit seinem: „Gott segne euch hier drinnen!"

Die beiden Frauen freuten sich und faßten Hoffnung, als sie ihn sahen, und sogar Jonas öffnete die Augen mit einem Hoffnungsschimmer.

Ols brauchte nicht zu fragen, wie es ginge, das sah er gleich. Er setzte sich zum Kranken, fühlte den Puls und beobachtete alles genau. Sein ernstes Gesicht zeigte einen unruhigen Ausdruck, den es nur zu tragen pflegte, wenn der Fall hoffnungslos war. Aber hier war es nicht nur Jonas' Zustand, was ihn beunruhigte.

„Wir hatten gar nicht mehr gedacht, daß du kommst," sagte die Alte.

„Niels hat die Botschaft vielleicht nicht ausgerichtet, oder vielleicht war der Pastor verreist?" sagte Eline.

„Ich traf Niels nicht, bekam aber die Botschaft und wäre eher gekommen, wenn ich gekonnt hätte."

Die junge Frau sah Ols an und seufzte.

„Das war gestern ein langer Tag und eine schwere Nacht, und seit heute früh ist es schlimmer mit ihm," sagte sie.

Ols Eriks Gesicht nahm einen finsteren Ausdruck an, und seine geraden Lippen drückten sich wie im Schmerz zusammen.

Er war immer sorgsam mit seinen Kranken, aber heute übertraf er sich selbst. Er blieb lange in der Kate und schonte sich nicht. Als er endlich ging, versprach er, zur Nacht wiederzukommen. Das tat er auch und wachte am Krankenbett, so daß die ermüdete junge Hausfrau schlafen konnte.

Die ganze Nacht kämpfte der heilkundige Pastor mit der Krankheit, aber nur, um immer deutlicher einzusehen, wie nutzlos der Kampf war, weil er zu spät aufgenommen war. Wäre er gekommen, ehe die Verschlimmerung eintrat, so wäre der Erfolg aller Wahrscheinlichkeit nach ein anderer gewesen. Der Gedanke brannte wie Feuer in seinem Gemüt.

Trotz der Hoffnungslosigkeit des Kampfes führte er ihn mit grimmer Entschlossenheit, um womöglich gegen alles Vermuten den Sieg davonzutragen. Er wollte es, um eine begangene Sünde wieder gut zu machen. Daß nicht er sie begangen hatte, sondern jemand anders, machte ihn nicht weniger eifrig, sie zu tilgen.

Hier in der Kate hatte ihn ein Kranker in schweren Schmerzen einen ganzen langen Tag erwartet, und er war nicht gekommen. Ihm war es der Meister selbst, der gewartet hatte. „Ich bin krank gewesen, und ihr habt mich nicht besucht." Das war die Sünde.

Daß er selbst keine Schuld an dem Versäumnis trug, machte es nicht geringer. Die Schuld ruhte auf einer anderen, und um der anderen willen litt er in seinem Gewissen. Am Helwigs willen. Denn sie war es, die auf dem Weg zum Pastorat Niels getroffen und seine Botschaft an den Pastor angenommen, aber sie erst am folgenden Morgen ausgerichtet hatte. Es ist schlimm genug, wenn man solch eine Botschaft von einem Kranken vergißt; noch schlimmer aber ist es, wenn sie einem plötzlich am Abend einfällt und man sie dann nicht ausrichtet, teils weil man einen gemütlichen Vorleseabend nicht stören will, teils weil man dem Pastor, dem Hirten der Armen und Kranken, eine lange Nachtwanderung ersparen will! Aber am allerschlimmsten ist es doch, wenn man keine Reue fühlt, sondern am nächsten Morgen von der Sache spricht, als hätte man gar keine Schuld, und als wäre alles in der besten Ordnung. Der schönen Helwig Sünde gegen seine Pflicht, gegen die Kätnersleute und gegen Gott ging Ols zu Herzen und brannte dort, als wäre es seine eigene Sünde.

Wie ging das zu? War denn das junge Weib, das unter seinem Dach wohnte, ein Stück von seinem Herzen geworden?

Er hatte sie nicht gesucht, und sie ihn auch nicht. Durch das Eingreifen Gottes war sie gekommen, um bei ihm zu wohnen. Konnte er da nicht mit Fug und Recht von dem begangenen Versäumnis sagen: Das Weib, das du mir gabst, täuschte mich?

Ganz gewiß hätte er das sagen können. Aber er wollte es nicht, er wollte ihr nicht die Schuld geben, obgleich sie schuldig war. Statt dessen hätte er die Schuld auf sich nehmen wollen, wenn es möglich gewesen wäre. Sein Kummer war, daß er es nicht konnte. Vor den Menschen konnte er es tun. Die Leute in der Kate wußten nichts von Helwigs Anteil an der Verschlimmerung der Krankheit, die vielleicht nicht mehr zu bannen war.

Sie sollten auch nie etwas davon erfahren. Niels war weit fort, und bis er zurückkam, würde es vergessen sein, daß die Krankheitsbotschaft nicht ausgerichtet war. Menschen wußten nichts von Helwigs Schuld. Aber Gott sah sie. Würde Gott zulassen, daß er sie entgälte, anstatt Helwig? so grübelte Ols während der Augenblicke, in denen er Zeit fand, sich mit der Frage zu beschäftigen.

Der Kranke ließ ihm in jener Nacht nicht viele Zeit zum Nachdenken. Der Körper bedurfte der Pflege und auch die Seele. Jonas ahnte, daß sich das Ende nähere, und in der Stille der Nacht, während die Familie um ihn her schlief, bekannte er dem Pastor seine Sünden und empfing das Sakrament der Vergebung.

„Nun mag es werden, wie es will, Leben oder Tod, ich bin in des Herrn Hand und verlasse mich auf Jesus Christus," sagte Jonas friedvoll mit matter Stimme.

19.

„Kann ich Sie nicht in die Kate begleiten?" fragte Helwig.

„Warum das?"

Der kurze Ton trieb sie nur noch mehr an.

„Ich möchte den armen Menschen sehen, gegen den ich so herzlos war," sagte Helwig mit einem Lächeln, das geeignet war, seine Strenge zu entwaffnen.

Obgleich Ols es nicht sagte, fühlte sie doch, daß er mißbilligend über sie dachte. Sie hatte es gleich an dem Morgen gemerkt, als sie ihm die verspätete Krankenbotschaft bestellte. Mit keinem Wort hatte er geantwortet auf ihre Erklärungen und gefragt, warum sie es nicht früher getan hätte. Auch während der kurzen Zeit, die er gestern im Hause gewesen war, hatte er geschwiegen. Beim Mittagessen in der Küche hatte sie auf ihrem gewöhnlichen Platz neben ihm gesessen, aber er hatte nur dann mit ihr gesprochen, wenn er ihre Fragen beantwortete, und dann nur so kurz wie möglich. Schweigen kann beredter sein als Worte, und es gibt mancherlei Art, zu schweigen. Es kann Schweigen zwischen Freunden herrschen, die einander so gut verstehen, daß Worte unnötig sind, aber so war es hier nicht. Es war auch nicht das Schweigen schlechter Laune, oder das drückende Schweigen vor einem Zornesausbruch. Eher war es das Schweigen, das nicht dadurch verwunden will, daß man die Wahrheit sagt. Es trug auch das Gepräge der Stille, in der man allein mit seinem Gott kämpft.

Helwig litt unter seinem Verhalten ihr gegenüber und sehnte sich danach, es zu ändern. Das wollte sie ihm aber nicht zeigen, darum äußerte sie ihren Wunsch, mit ihm in die Kate zu gehen, mit leuchtenden Augen und in leichtem Ton. Sie wußte nicht, daß er die Nacht über dort geblieben war; aber sie hörte ihn beim Mittagessen zu seiner Mutter sagen, daß er binnen kurzem wieder hingehen und allerlei mitnehmen wolle, und daß sie ihm seinen Rucksack packen solle.

Helwig hatte, außer der Aussicht eines langen Spaziergangs mit ihm allein, einen besonderen Grund, warum sie gern in die Kate wollte. Aber den sagte sie ihm nicht.

Im ersten Augenblick wollte er ihren Wunsch abschlagen, und hätte er ihre geheime Absicht bei dem bevorstehenden Besuch geahnt, dann hätte er es getan. Da er aber von ihren Hintergedanken nichts wußte und außerdem dachte, es würde vielleicht gut tun, den Kranken zu sehen, von dem sie in dem verletzend leichten Ton gesprochen hatte, so willfahrte er ihrem Wunsch. Er wunderte sich selbst darüber und setzte auch sie in Verwunderung, da er ja im ersten Augenblick deutlich seine Abneigung gegen ihre Bitte gezeigt hatte.

Sie gingen also zusammen zur Kate, er mit dem Rucksack auf dem Rücken. Helwig sagte, er sähe auf wie Christ in der „Pilgerreise", ehe er die Last aus seinem Rücken los wurde. Sie sah sehr wohl ein, daß der Scherz nicht passend war, und daß er ihn wahrscheinlich nicht gut aufnehmen würde; aber sie sagte es trotzdem. Und sie plauderte unterwegs viel mehr und ganz anders, als sie eigentlich wollte, denn sie befand sich in einer unruhigen und geschraubten Stimmung. Ols Erik sprach von selbst kein Wort. Wenn es erforderlich war, beantwortete er ihr Geplauder, schwieg aber sonst. Mit einer Art Galgenhumor dachte Helwig, daß er sie für eine furchtbar oberflächliche Schwätzerin halten müßte. Das brachte sie aber nicht etwa zum Schweigen!

Es war herrlich im Wald. Die Septembersonne schien matt durch den dünnen Nebel. Bald kam der Oktober, aber gerade jetzt standen die Herbstfarben in ihrer größten Pracht.

„Sie müssen mich für eine fürchterliche Schwatzbase halten!" sagte Helwig.

Er sah sie verständnislos an.

„Ich denke nicht so sehr darüber nach, was Sie sagen," antwortete er.

Und das war wahr, denn er hörte am meisten auf ihre melodische Stimme und empfand das Berückende ihres lebhaften Wesens. Sie war so ganz anders als alle, die er bisher gekannt hatte. Dieser Verkehr mit all seinem ihm fremden Glanz und seiner Feinheit drängte sich ihm auf und umfaßte ihn mit der ganzen Kraft jenes Reizes, den etwas Neues auf den Menschen ausüben kann.

Endlich erreichten sie die Kate und traten ein.

Helwig warf gleich einen scheuen Blick auf das Bett, in dem der Kranke lag, und fühlte eine Herzbeklemmung, als sie gewahr wurde, wie sterbenskrank er aussah.

Die alte Mutter lag auf dem Bett in ihrer Ecke, die junge Frau war damit beschäftigt, Feuer auf dem Herd zu machen, das älteste Kind kroch auf dem Fußboden herum, und das kleinste lag, im Begriff aufzuwachen, nörgelnd in der Wiege und bereitete sich schon im Schlaf darauf vor, die Umgebung beim Erwachen durch Geschrei zu erbauen.

Helwig fiel auf, wie aller Augen beim Eintritt des Pastors aufleuchteten. Auch er wurde hier drinnen ein anderer, als er auf dem ganzen Herweg gewesen war. Sie hätte nicht sagen können, worin die Veränderung eigentlich bestand. Es war, als hätte er sie aus seinem Herzen verbannt, um sich ganz diesen Menschen zu widmen.

Doch vergaß er sie weder, noch vernachlässigte er sie. Er stellte sie und die Katenbewohner einander vor und wies sie nach der Sofaecke, indem er sagte, daß sie nach der langen Waldwanderung müde sein müsse.

Dann streifte er den Rucksack ab und packte den Inhalt aus, unter anderem Kaffee, Zucker und Gebäck, genug für alle, und bat Eline, die Kaffeekanne aufzusetzen.

„Wir sind hungrig, und ich hoffe, daß auch Ihr dem Rucksack Ehre antun könnt, wenn Ihr Euch anstrengt," sagte er.

Die junge Frau lächelte. Was die Gesunden hier betraf, bedurfte es wohl nicht so großer Anstrengung. Die Eßlust fehlte ihnen weniger als das Essen.

Helwigs lebhafte Zunge war verstummt, seit sie die Hütte betreten hatte; aber ihr Gebaren war darum nicht ruhiger geworden. Anstatt sich in die angebotene Sofaecke zu setzen, versuchte sie, Bekanntschaft mit der Kleinen auf der Diele zu schließen; aber alle Liebesmühe war vergeblich. Die Kleine fing an zu schreien, und ihre Mutter mußte alles, was sie in Händen hatte, stehen und liegen lassen, um sie von der Diele aufzunehmen und zu beruhigen.

Helwig kam sich bei ihrem Mißerfolg lächerlich vor, aber sie verbarg ihr Unbehagen und lächelte.

„Die arme Kleine, ich erschreckte sie."

„Sie ist etwas scheu vor Fremden," entschuldigte sie die Mutter; „aber das gibt sich bald."

Vom Geschrei der Schwester erwachte das Kleine in der Wiege zu vollem Bewußtsein und stimmte mit ein. Für eine Krankenstube war das gerade nicht viel Ruhe! Aber Jonas auf seinem Sterbebett schien gar nicht davon berührt zu werden. Er hielt seinen Blick auf den Pastor geheftet, und die beiden sprachen miteinander, ohne sich von der Umgebung stören zu lassen.

Helwig ging in die Ecke zu der Alten und setzte sich an ihr Bett, in der Absicht, das vorzubringen, was sie hierhergeführt hatte. Die Großmutter war zufrieden und fühlte sich durch die Aufmerksamkeit des feinen, schönen, jungen Fräuleins geschmeichelt, und Helwig gewann ihr Selbstbewußtsein wieder, das ihr die Kleine geraubt hatte. Die hatte sich bald von ihrem Schrecken erholt und stand jetzt vorsichtshalber fest an die Mutter gedrückt, und betrachtete Helwig unverwandt. Die junge Frau saß auf einem niedrigen Schemel und versorgte das Kleinste. Das hatte aufgehört zu schreien, sobald sein Verlangen gestillt war. Der Friede im Hause war wiederhergestellt.

„Ist er lange krank gewesen?" fragte Helwig mit einem Blick auf Jonas.

Als sie hörte, wie lange, fragte sie, warum sie nicht nach dem Doktor geschickt hätten.

Es war ihnen gar nicht eingefallen, den Doktor zu holen, sie hatten doch ihren Ols.

„Aber warum schickten Sie denn nicht früher nach ihm?"

„Wir wollten ihn nicht bemühen, ehe es nötig war."

„Und als Sie endlich nach ihm schickten, mußten Sie lange warten, ehe er kam," sägte Helwig teilnehmend.

Ihr Herz klopfte, denn nun war der entscheidende Augenblick da.

„Er kam, sobald er konnte," antwortete die alte Frau.

„Hat er Ihnen nicht gesagt, wessen Schuld es war, daß er so lange zögerte?"

„Nein, das hat er nicht. War jemand schuld daran?"

„Ja, ich. Ich nahm die Botschaft schon am Vormittag an, konnte sie aber erst am nächsten Vormittag ausrichten."

„Du vergaßt es?" fragte die Alte.

„Ja, zuerst; und als es mir dann einfiel, war es zu spät, und da wartete ich bis zum nächsten Morgen, denn ich fand es unrecht, daß er den Weg in der Nacht machen sollte. Das hätte er gewiß getan, wenn er die Botschaft bekommen hätte. Er hat mir noch nicht verziehen, daß ich so lange damit schwieg, und ich finde jetzt auch selbst, daß ich unrecht getan habe."

Die Großmutter wußte nicht, was sie auf das Geständnis antworten sollte, und die junge Frau, die auf ihrem Schemel alles hörte, wußte es auch nicht. Beide hätten dem Fräulein ein gutes Wort sagen mögen, aber es fiel ihnen nichts ein. Ehe das geschah, sprach Helwig wieder.

„Sehen Sie, ich wollte Sie nicht in dem Glauben lassen, es wäre des Pastors eigene Schuld, daß er nicht eher kam."

Jetzt erhellten sich ihre Gesichter, und jetzt fanden sie Worte. Keinen Augenblick hätten sie so etwas gedacht, dazu kannten sie ihren Pastor zu gut.

Nun wurde es Helwig leicht, sie dazu zu bringen, von ihm zu sprechen. Die junge Frau stand aber bald auf und begann eine andere Arbeit, nachdem sie den Säugling in die Wiege gelegt hatte. Das ältere Kind hatte seine Schüchternheit überwunden und wagte sogar, auf dem Schoß der Fremden zu sitzen. Durch die alte Frau hörte Helwig von den glücklichen Kuren, die Ols ausgeführt hatte, von der wunderbaren Kraft seiner Hände und von seiner Macht über Krankheiten. Selten hatte sie mit so lebhaftem Interesse auf irgend etwas gehört, wie auf die Erzählungen der Greisin.

Eline hatte den Kaffee jetzt fertig und rief das Fräulein und den Pastor zu Tisch.

Als Helwig ihre Tasse bekommen hatte, sah sie erst den Kranken und dann Ols Erik zögernd an.

„Darf er Kaffee trinken?" fragte sie.

„Wenn er mag."

Da nahm Helwig ihre Tasse und ging zu Jonas und fragte ihn, ob er etwas Kaffee haben möchte, dann wolle sie ihm helfen. Mit freundlich ermunternder Stimme, die nicht ohne Wirkung auf Jonas blieb, sagte sie, daß sie gewohnt sei, Kranken beim Essen zu helfen, da ihre eigene Mutter zu Hause krank läge.

Ob er nun wirklich den Kaffee haben oder nur entgegenkommend sein wollte, einige Schlucke nahm er wenigstens.

Die junge Frau trat hinzu und erhob Einspruch, daß Helwig sich Mühe mit Jonas machte, anstatt selbst zu trinken, solange der Kaffee heiß war. Aber Helwig schickte sie fort, damit sie der Großmutter hülfe. Sie selbst widmete sich Jonas.

Als sie dann wieder an den Tisch zurückkam, hatte Ols fertig getrunken, stand auf und ging zu der alten Frau, um mit ihr zu plaudern. Nicht im geringsten zeigte er, daß er Helwigs Freundlichkeit gegen den Kranken gemerkt hatte. Seine Gleichgültigkeit war eine Enttäuschung für Helwig, gerade als hätte sie es mit ihrem Tun mehr auf ihn, als auf den Kranken abgesehen.

20.

Ols Erik und Helwig verließen das Häuschen erst, als die Sonnenstrahlen anfingen schräg zu fallen und die Schatten länger wurden. Es war ein klarer Abend, und es war zu erwarten, daß der Mond scheinen würde. So schadete es nichts, daß sie sich etwas später auf den Weg machten, als es zuerst in ihrer Absicht gelegen hatte.

Der Pfad war schmal und sie gingen wie auf dem Hinweg, er voraus, sie hinterher. Es war nicht Mangel an Höflichkeit, daß er vorausging. Aber sie hätte den rechten Weg unter all denen, die sich im Wald kreuzten, nicht gefunden. Und wenn sie verkehrt gegangen wäre, hätte sie ihn auch leicht in seinen Gedanken stören können. Ging er aber zuerst, so gingen sie richtig, auch wenn er seine Gedanken nicht ausschließlich auf den Weg richtete. Und es war gut, daß er sehr sicher war, denn er dachte gar nicht an den Weg.

Helwig schwatzte jetzt nicht so wie auf dem Hinweg. Entweder hatte der Anblick des Kranken, von dem sie so leichtfertig gesprochen hatte, sie ernst gestimmt, oder es drückte sie das Schweigen dessen, der vor ihr ging.

Sie betrachtete die untersetzte, breitschultrige Gestalt mit dem ruhigen Gang. So geht einer, der weiß, wohin er geht. Sie hätte gern gewußt, was er antworten würde, wenn sie ihn bäte, ihr in so wenig Worten wie möglich zu sagen, welches Lebensziel er sich gesetzt hätte. Auch hätte sie wissen mögen, woran er jetzt eben dachte. Aber ehe sie sich entschlossen hatte, ihn zu fragen, wandte er sich plötzlich um und beantwortete unbewußt durch die Frage, die er an sie richtete, die letzte der beiden, über die sie gegrübelt hatte und die sie gern an ihn gestellt hätte.

„Warum sagten Sie das?" fragte er schroff.

„Ich habe doch gar nichts gesagt!" rief sie harmlos aus und lächelte etwas mit den leicht geteilten Lippen.

„Ich meine im Haus. Daß Sie es waren, die – daß es Ihre Schuld war, daß ich nicht früher kam?"

Also darüber hatte er beim Gehen nachgedacht. Aber wie wußte er, was sie gesagt hatte?

„Hat die alte Mutter Ihnen wiedererzählt, was ich zu ihr sagte?"

„Ich selbst hörte Sie es sagen."

„Sie waren doch so von Jonas in Anspruch genommen. Wie konnten Sie hören, was ich dort in Großmutters Ecke sagte?" fragte Helwig verwundert.

Ihr Herz tat einen Freudensprung bei der Entdeckung, wie genau er sie beobachtet haben mußte, obschon er Gleichgültigkeit gezeigt hatte.

„Ich hörte es. Warum sagten Sie das? Es hat eher geschadet als genützt."

„Sie sprechen mit mir, als hätte ich ein Unrecht getan."

„Die Leute dachten gar nicht an ein Versäumnis meinerseits. Sie hatten die ganze Sache vergessen, aber nun zogen Sie sie wieder hervor und machten eine große Geschichte daraus. Wozu sollte das dienen?"

Er war stehen geblieben und stand breit vor ihr auf dem Pfad, so daß sie nicht an ihm vorbei konnte, selbst wenn sie es gewollt hätte. Sein Gesicht war jetzt nicht hart wie Holz, es war von Gefühl durchleuchtet, aber es war schwer zu sagen, welcher Art das Gefühl war. Wie entrüstet seine Worte auch klangen, so war Entrüstung doch nicht das Vorherrschende in seiner Erregung.

Ihr Herz klopfte heftig, aber sie nahm sich zusammen.

„Ich wollte nicht, daß jemand Ihnen die Schuld für mein Versäumnis geben sollte, deshalb sagte ich, wie es war. Darum ging ich heute mit. Nun mögen Sie so böse auf mich sein, wie Sie wollen, weil ich das Unrecht, das ich tat, so gut wie möglich wieder gut gemacht habe; ich freue mich doch, daß ich es tat."

Ihre Wangen glühten in warmer, reizvoller Farbe, wie immer, wenn sie sich erregte, und es blitzte stahlblau unter den langen Augenwimpern.

Ein Wort ihrer hitzigen Verteidigung öffnete ein Schloß, das ihm zugeschnappt war. Er empfand es wie eine Befreiung.

„Sie bereuen es also wie ein Unrecht, daß Sie mir die Botschaft vom Kranken vorenthielten?"

„Gewiß tue ich das."

Bei dem Geständnis bebte es um den feinen Mund. So etwas kam nicht leicht über die stolzen Lippen, aber seine machtvolle Persönlichkeit in ihrer geraden Schroffheit hatte es ihr abgezwungen, ehe sie Zeit zum überlegen hatte.

„Und ich, der ich mit Gott kämpfte, um Ihre Schuld auf mich zu nehmen!" entfuhr es ihm, wie einem zu schwer Beladenen ein Seufzer der Erleichterung entfährt, wenn ihm seine Last abgenommen wird.

Sie stand überrascht, beinahe erschrocken da. Sein Wort offenbarte plötzlich eine strahlende Tiefe seiner Seele, und sie trat unwillkürlich einen Schritt zurück, als fürchte sie, darin zu versinken.

„Nehmen Sie alles – – so schwer?" fragte sie, und ihre kurze Frage wurde von einem krampfhaften Atemzug unterbrochen.

Er antwortete nicht. Es war, als hätte er sie nicht gehört. Er blieb noch stehen und sah sie mit seinem festen Blick an. Sie fühlte sich von ihm beherrscht, obgleich sie merkte, daß er nicht die geringste Absicht hatte, es zu tun.

„Sie müssen finden, daß ich etwas Schreckliches getan habe?" sagte sie in fragendem Ton.

„Ich bin krank gewesen, und ihr habt mich nicht besucht."

Alles, was er ihr zu antworten hatte, ließ sich am besten in dem Wort zusammenfassen, darum rief er es ihr zu, als brennte es um ihretwillen in seinem Gewissen.

Aber sie vernahm nicht den Urteilsspruch darin.

„Sie kamen doch zu dem Kranken und sind jetzt auch dort gewesen!"

„Begreifen Sie nicht, wer das war, der durch unser Versäumnis einen ganzen Tag Schmerzen leiden mußte, die man doch hätte lindern können?"

„Erachten Sie den Kätner Jonas für gleich mit Jesus?"

Sie fand seine Theorie unerhört.

„Der Weltenrichter selbst begegnet uns in jedem seiner hilfsbedürftigen Brüder, und er wird einst danach urteilen, ob wir sie übersehen oder ob wir ihnen geholfen haben."

„Aber das wäre ja furchtbar, wenn man alles so ansehen müßte!"

„Es würde noch furchtbarer sein, wenn man es nicht so ansähe!"

„Sie sind unheimlich streng."

„Ich bin es nicht, der streng ist. Ich stehe vor demselben Richter wie Sie."

„Und vor dem haben Sie meine Schuld auf sich nehmen wollen, wie Sie es vor den Leuten in der Kate taten!"

Jetzt, da sie das Gleichgewicht wiedererlangt hatte, wagte sie es, in die strahlende Tiefe seiner Seele zu blicken.

„Aber jetzt bereuen Sie, und da können Sie selbst die Sache mit Gott abmachen."

Als er ihr so geantwortet hatte, wandte er sich um und setzte seinen Weg fort. Er brauchte sich nicht umzublicken, um zu sehen, ob sie ihm folgte, denn er hörte ihre leichten Schritte hinter sich. Es war, als fühlte er sie mit jedem Nerv seines Körpers.

Als er so vor ihr herging, betrachtete sie wieder seinen breiten Rücken, den kräftigen Nacken und den ruhigen Gang, aber ihre Stimmung war anders als vorher. Sie war so weich, daß ihr beobachtender, kritischer Geist entwaffnet wurde und sie wenigstens einmal ungehemmt ihren Empfindungen Raum gab.

Er hatte vor Gott und Menschen ihre Schuld auf sich nehmen wollen! Das war ihre Entdeckung! Er hatte es ernst gemeint mit dem, was er wollte, und er war noch von dem Ernst erfüllt, das fühlte sie.

Er zürnte ihr, weil sie vor Menschen die Schuld auf sich nehmen wollte, und sein Zorn rührte sie.

Auch vor Gott hatte er ihre Schuld auf sich nehmen wollen! Aber wie hatte er sich das nur gedacht? Was war er nur für ein Mystiker, daß er auf solche Gedanken kommen konnte?

War ihre Schuld wirklich so groß, wie er meinte? Hatte sie wirklich Jesus selbst durch ihre Vergeßlichkeit und Gedankenlosigkeit Leiden verursacht? Und wenn dem so wäre, wie konnte der Mann, der jetzt vor ihr ging, ihre Schuld auf sich nehmen? Selbst wenn sie vor Gott schwieg, würde das allsehende Auge wissen, daß die Schuld bei ihr lag und nicht beim Pastor! So dachte sie, und es war ja sonnenklar, daß sie recht dachte; aber so groß war jenes Pastors persönlicher Einfluß, daß sie fast glaubte, er müsse auf irgendeine Weise den allmächtigen Weltenrichter so beherrschen, wenn nicht gar irremachen können, daß er sich nach seinem edelmütigen Willen richtete.

Der Richter der Welt! Sie blickte hinauf in die Weite, wo Abenddämmerung den Himmel bedeckte und die Sterne zu leuchten anfingen. Hatte sie sich in ihrer Gedankenlosigkeit gegen den Mächtigen vergangen, der das Weltall erschuf und die Welten nach seinem Willen leitete? Zum erstenmal in ihrem Leben fühlte sie den Gott, der über und hinter der sichtbaren Welt steht, als eine Wirklichkeit, und ein Schauer durchfuhr sie bei dem Gedanken an seine erzürnte Majestät.

Sie blickte wieder auf den Mann vor ihr und stellte sich vor, wie Eva sich in Adams Armen bergen wollte, als sie den Ruf Gottes nach dem Sündenfall im Paradiese hörten.

Adam hatte die Schuld auf Eva geschoben, aber der, der hier mit ihr ging, hatte ihre Schuld sowohl vor Menschen als auch vor Gott auf sich nehmen wollen, obgleich er ihr Vergehen schwer fand. Er hätte es sicher auch tun wollen, wenn es ebenso groß, ja, noch größer als Evas gewesen wäre. Was offenbarte ihr sein Verhalten nicht alles?

Wieder durchfuhr sie ein Schauer, aber anderer Art als vorher. Es war ihr, als löse eine feste Hand die Ankerkette ihres kleinen Fahrzeugs, um sie hinaus über unbekannte Tiefen großen Weiten entgegenzuführen.

Ols Erik wußte nichts von dem, was in dem Herzen vorging, das dicht hinter ihm klopfte, dachte auch nicht darüber nach. Er war mit sich selbst beschäftigt. Er sah sich vor dem Richter der Welten und hörte das Wort: „Ich bin krank gewesen, und du hast mich besucht." Aber es erfüllte ihn nicht mit Seligkeit, weil Helwig neben ihm stand, zu der gesagt wurde: „Ich bin krank gewesen, und du hast mich nicht besucht." Sie faßte das Wort nicht! Ihr schien, als wäre sie bei dem Kranken gewesen, und doch wurde sie auf die linke Seite gestellt. Da sah er sich selbst von der rechten Seite zu ihr auf die linke Seite gezogen. Was bedeutete das? Vielleicht Abgötterei? – –

Es wurde dunkel. Aber dann ging der Mond auf und erhellte die Luft. Es war mitunter schwer, auf dem Pfad unter den Bäumen Wurzeln und Steine zu unterscheiden. Auf einem steilen und steinigen Abhang wandte Ols sich um und faßte Helwigs Hand, damit sie nicht stolperte oder ausglitte. Der Tau machte die Steine schlüpfrig.

„Es ist hier dunkler, als ich dachte; aber es dauert nicht lange, bis wir wieder auf den Weg hinauskommen," sagte er.

„Ich fürchte mich nicht, da Sie mit sind."

Sie sah ebensogut im Dunkeln wie er, und war nicht bange vorm Stolpern; aber sie mochte doch sehr gern den festen, sicheren Griff seiner Hand um die ihre fühlen.

„Ihre Mutter wird sich hoffentlich nicht ängstigen. Wir blieben länger fort, als ich dachte."

„Sie weiß ja, daß Sie mit sind, und Sie verirren sich nicht."

„Wenigstens nicht hier in den Wäldern."

„Sie gehen nirgends irre," sagte sie zuversichtlich. „Sie sind keiner, der sich mit seinem Gewissen abzufinden sucht."

Sie hatte das also verstanden, was er in seinen Äußerungen unausgesprochen ließ! Daß sie so leicht verstand, fesselte ihn nicht wenig an ihr.

Wie er gesagt hatte, kamen sie bald auf den Weg hinaus.

Jetzt führte der Pfad hinauf auf die Skalungahöhe, und als sie oben standen, blickten sie hinaus ins weite Land. Ihnen am nächsten, auf dem Abhang, lag das Pastorat.

„Jetzt sind wir zu Hause," sagte sie.

Zu Hause! Sie betrachtete sein Heim als das ihre und wohnte da. Aber wie lange noch? dachte er plötzlich mit stechendem Schmerz.

Sie waren auf der Höhe stehen geblieben. Vom Mondlicht umflossen standen sie dicht nebeneinander. Stärker als je empfand sie die magnetische Kraft, die von ihm ausstrahlte, und er sah, wie der leichte Atem ihre Brust hob und senkte. Es war gefährlich, länger hier bei ihr stehen zu bleiben.

„Wir müssen wohl jetzt hinuntergehen."

Mit der ruhigsten Stimme sagte er das. Aber sie hörte doch ein starkes, beherrschtes Gefühl heraus. Sie warf einen schnellen Blick auf ihn und ging dann vorwärts. Über ihren Blick und dessen Wirkung grübelnd, folgte er. Was hatte darin gelegen, das ihn erzittern ließ? –

Schlank, geschmeidig und schön gewachsen ging sie vor ihm her auf sein Heim zu, das jetzt auch noch das ihre war. Er zwang seinen Blick, der ausschließlich auf ihrer Gestalt haften wollte, und sah hinaus auf die Gegend, in der sein Lebenswerk lag. Wie würde es hier sein, wenn sie abgereist war? Würde er die Leere ertragen können? Hatte sein Lebenswerk nichts mit der zu tun, die ihm jetzt am nächsten war? Oder bedeutete sie etwa eine Versuchung, die er fliehen mußte?

21.

„Denken Sie sich, Herr Pastor, ich möchte gern fühlen, wie es tut, magnetisiert zu werden. Wollen Sie mich nicht magnetisieren, so daß ich einschlafe?"

Helwig saß auf einem Schemel bei einem seiner Büchergestelle, um ein Buch zum Vorlesen auszusuchen. Ols hätte das gut allein tun können, aber sie wollte gern bei der Wahl zugegen sein. Außerdem ergriff sie gern die Gelegenheit, in sein Zimmer zu gehen. Er hatte gerade bereit zum Ausgehen gestanden, als sie kam, hatte aber die Mütze wieder abgenommen und war geblieben. Nun saß sie mit dem Buch im Schoß und blätterte darin, um dann plötzlich aufzublicken und lächelnd ihren Wunsch vorzubringen. Sie hatte ein bezauberndes Lächeln, blitzartig schnell und ausdrucksvoll. Er hatte es schon oft beobachtet.

Wie schon früher mitunter sah sie jetzt sein Gesicht so hart wie Holz werden. Sie hatte gelernt, das Zeichen zu deuten. So wurde er, wenn er sich zusammennahm.

„Die Kraft wende ich nur bei Kranken an, die sonst keine Ruhe finden können. Ihnen fehlt aber doch nichts?"

„Wie wissen Sie das?"

Ihr Lächeln nahm einen anderen Ausdruck an. Eben war es bittend, einschmeichelnd gewesen, jetzt wurde es beinahe wehmütig.

„Ist denn etwas nicht in Ordnung?"

Mit der körperlichen Gesundheit konnte es kaum schlecht stehen. Man sieht nicht so aus wie sie, wenn man nicht gesund ist. Aber konnte ihrem Geist etwas fehlen? Hatte der gestrige Besuch in der Seehofskate Eindruck auf sie gemacht? War sie in ihrem Innern beunruhigt?

Er war gewohnt, die Leute über ihr Inneres zu befragen, aber niemals hatte er es rücksichtsvoller und zögernder getan als jetzt.

Der neue Tonfall seiner Stimme berührte sie so, daß sie den Wunsch empfand, ihm ihr Inneres zu öffnen. Aber erst jetzt, als sie das wollte, fühlte sie, wie leer es war.

„Sie sind doch Seelsorger!"

Es kam etwas schüchtern heraus, als müßte sie sich selbst dadurch Mut zusprechen, daß sie sich diese Tatsache vorhielt, und als wollte sie das Vertrauen rechtfertigen, das sie ihm schenkte.

„Das ist mein Amt."

Mit dem Ellbogen auf eins der Bücherbretter gestützt, stand er vor ihr und umfaßte Stirn und Schläfe so mit der Hand, daß die Augen verdeckt waren. Ihm schien, als hätte er noch nie der körperlichen und geistigen Stütze so sehr bedurft. Er fühlte sich der heiklen Aufgabe, Seelsorge in diesem Fall auszuüben, nicht gewachsen. Wie konnte sein Blick klar bleiben, sein Kopf unbeirrt und sein Herz besonnen?

„Ich bin noch nie in so nahe Berührung mit ernstem Christentum gekommen wie hier bei Ihnen. Darum habe ich meine eigene Leere nie so wie jetzt eingesehen. Sie tun so viel. Und ich habe gewiß noch nie daran gedacht, etwas für andere zu tun."

„Was ich tue, ist nicht von Bedeutung."

Bei ihrem Selbstbekenntnis hatte sie ihn nicht angesehen, jetzt richtete sie einen fragenden Blick auf ihn.

„Was Bedeutung hat, ist, wie das meiste von dem, was ich tue, Jesu Werk in mir und durch mich," fügte er als Antwort auf ihren fragenden Blick hinzu.

Die Antwort rief aber nur neue Fragen hervor.

„Ich denke an meine Beschäftigungen in Stockholm," sagte sie mit Selbstverspottung und ihrem blitzartigen Lächeln. „Es findet sich in dem, was ich da tue, schwerlich etwas davon, was Jesus in mir und durch mich zu tun beabsichtigt, wie Sie das nennen. Ich male und musiziere, höre viel Musik, meistens in der Oper, sticke, gehe spazieren, unterhalte mich, gewöhnlich über nichts, lese Zeitungen und Romane, gehe aus und empfange Besuch. Ich gehe auch mitunter Sonntags in die Kirche, höre aber nicht immer ordentlich zu, und wenn ich es tue, vergesse ich es bald wieder. Während der Konfirmationszeit fühlte ich mich zu Gott gezogen, weinte und war gerührt, und hatte den Wunsch, sein zu werden, dachte aber nicht, daß ich aushalten würde. Und das tat ich wohl auch nicht, obgleich ich nie bewußtermaßen mit Gott gebrochen habe. Die Gefühle verflogen nur, und ich habe sie nie vermißt – bis jetzt. Seit ich Sie gesehen und mein Leben mit dem Ihren vergleiche, sehe ich, was für ein Schmetterlingsleben ich führe. Und doch bin ich kein schlechter Mensch und habe, soviel ich weiß, nie jemand etwas Böses getan. Können Sie mir sagen, wo die Schuld liegt?"

Eine Beichte über so wenig Sünde hatte er noch nie empfangen. Und doch sah er ein, daß ihr das Wesentlichste fehlte.

„Sie müssen von neuem geboren werden."

Mit mehr Neugier als Heilsverlangen hatte sie seine Antwort erwartet. Sie hatte sich nicht denken können, was er sagen würde; aber am allerwenigsten hatte sie etwas so Durchgreifendes erwartet. Sie hatte sich vielleicht eine milde Ermahnung gedacht, daß sie an die Kranken und Armen denken und etwas für sie tun solle! Aber er kam nicht mit solchem Stückwerk, dieser gründliche Seelsorger, sondern mit der Forderung: Wiedergeburt! Sie wurde bei der Antwort verlegen, denn es lag viel tieferer Ernst darin als in ihrer Frage.

Wenn sie ganz ehrlich gegen sich sein wollte, mußte sie einsehen, daß sie mehr aus Interesse an der Person als an der Sache mit dem Mann über die Angelegenheiten ihrer Seele geredet hatte. In dem Fall war sie aber nicht ganz ehrlich gegen sich und konnte es wohl auch nicht sein, denn das Gefühl, das er ihr einflößte, hatte einen so starken religiösen Einschlag, daß es sie irre machen konnte. Unter jenes Mannes Einfluß hätte sie anfangen mögen, ihr Leben zu bessern, seit sie durch den Vergleich mit dem seinigen die Leere des ihrigen erkannt hatte. Sein lebhafter Anteil hätte ihr Kraft und Antrieb sein sollen, seine Billigung ihre Belohnung.

Aber Wiedergeburt! Für etwas so Tiefgehendes war sie nicht reif. Die unerwartete Forderung weckte Widerstand in ihr.

„Wie wissen Sie, ob ich nicht schon wiedergeboren bin?"

„Sind Sie es?"

Die Frage schlug ihren Trotz nieder; sie hatte sich dieselbe nie gestellt, und als er es jetzt tat, hatte sie keine Antwort darauf, und das war gleichbedeutend mit einem Nein.

„Steht es schlecht mit mir, wenn ich das nicht bin?"

„Dann sind Sie noch außerhalb des Reiches Gottes."

Sie holte tief Atem. Er war furchtbar, wenn man so eingehend und persönlich mit ihm sprach. Hätte sie das geahnt, würde sie sich nie auf so ein empfindliches Thema eingelassen haben. Sie faßte den Grund nicht klar, warum seine Antworten sie so peinlich berührten. Herzlos wären sie ihr vorgekommen, wenn sie nicht mit ihrem ganzen Wesen gespürt hätte, daß sie das nicht waren. Er schätzte sie so sehr, daß er ihr die Wahrheit sagte, trotz der großen Gefahr, sie damit zu verletzen. Sie war auch verletzt, aber weniger von der Schärfe der Wahrheit, als davon, daß gerade er sie gegen sie richtete.

Mit wahrer Angst fühlte sie, daß sie erregt war, und daß ihre Wangen brannten, und sie hatte nur einen Wunsch: daß sie unter Wahrung ihrer Würde das Gespräch sobald wie möglich schließen könnte.

In diesem verhängnisvollen Augenblick öffnete sich die Tür und Mons trat ins Zimmer. Zum erstenmal war der Anblick des häßlichen kleinen Jungen Helwig willkommen. Und auch zum erstenmal war er es Ols nicht.

„Du sollst klopfen, ehe du die Tür aufmachst und hereinkommst," sagte er zum Kleinen und wollte augenscheinlich hinzufügen, daß er wieder hinausgehen sollte.

„Das tat ich auch, aber niemand hörte," antwortete Mons.

Etwas Schlaues in seinem Blick deutete darauf hin, daß er mehr begriff, als mit seiner Jugend vereinbar war, sowie auch, daß er es auf seine eigene frühreife Art deutete.

„Du solltest lieber wieder gehen," sagte der Pflegevater.

Aber Helwig war aufgestanden.

„Das ist nicht nötig," sagte sie in ihrem gewöhnlichen Ton. „Ich habe Sie schon lange genug aufgehalten, Herr Pastor. Ich nehme dieses Buch mit."

Sie zeigte ihm das Titelblatt, und er nickte zum Zeichen, daß er ihre Wahl billigte. Dann verließ sie die Stube.

Wenn es nach seinem Willen gegangen wäre, hätte Mons ihr diesmal weichen müssen, nun war sie aber gegangen. Der Gedanke befriedigte sie.

Als Helwig fort war, nahm Ols seinen Rucksack und seine Mütze, um nach der Seehofskate zu gehen. Er sah Mons an.

„Willst du mitgehen? Es ist ein weiter Weg."

Freilich wollte Mons mit! Der weite Weg machte ihm keine Sorge. Er war klein, aber stark.

„Wenn du zu müde wirst, kann ich dich tragen," sagte sein Pflegevater.

Sie gingen also denselben Weg, den Ols gestern mit Helwig gegangen war.

Es war ein Unterschied zwischen den Weggenossen von gestern und heute. Und doch war in Ols Eriks Bewußtsein ein Zusammenhang zwischen den beiden, der schönen, feinen Dame und dem häßlichen, kleinen Jungen. Zuerst unbewußt, aber dann absichtlich prüfte er an Mons die Tiefe und den Gehalt von Helwigs Herzen.

Als er mit Mons' kleiner Hand in der seinen ging, machte er Vergleiche zwischen den beiden. Er grübelte darüber, wer von beiden eine Gefahr für ihn war, und wer ihm zum Besten dienen könnte, sie, die mit ihrer Schönheit und dem Glanz ihres weltlichen Wesens sich an den Mann in ihm wandte, oder die in einem häßlichen Körper in angeborener Schlechtigkeit gefangene Kindesseele, die den Geistlichen in ihm anrief.

Er riß sich aber von diesen Gedanken los, um mit Mons vom Walde und den Tieren darinnen zu sprechen, sowie auch von ihres Schöpfers und Vaters wunderbarem Werk.

22.

Erst am folgenden Tage kam Ols nach Hause. Er war ernst und ging gleich in sein Zimmer. Zu Mittag erschien er nicht und wollte auch kein Essen auf sein Zimmer haben.

„Er ist so betrübt," erklärte Mutter Ols nachher Helwig, die rechts von des Hausherrn leerem Platz am Küchentisch saß. „Jonas ist heute Nacht gestorben."

Helwigs Herz versagte.

„Und das ergreift ihn so?"

„Ich habe ihn noch nie so ergriffen von einem Todesfall gesehen. Er sieht sonst immer Gottes Hand darin."

„Warum kann er die nicht hierin sehen?"

Mutter Ols schüttelte den Kopf.

„Ich verstehe es nicht. Das einzige wäre, wenn er sich einer Versäumnis bewußt wäre. Das allein könnte seine Betrübnis erklären."

Helwig versagte fast das Herz. Sie wußte ja, daß eine Versäumnis begangen war, und wie tief ihm die zu Herzen ging, obgleich nicht er die Schuld daran trug, sondern sie.

Mutter Ols bedauerte, daß Helwig so wenig aß, und meinte, daß das Essen nicht schmecke.

„Es hat nichts mit dem Essen zu tun."

„Ist Euch denn schlecht?"

„Nein, ich bin nicht hungrig. Sie müssen wissen, Mutter Ols, daß ich vorgestern mit in der Kate war und Jonas sah. Auch mich ergreift es, daß er jetzt gestorben ist. Wie wird es jetzt seiner Frau gehen und den kleinen Kindern und der alten Mutter?"

„Das wird wohl schwer genug sein."

„Werden sie das Haus verlassen müssen?"

„Wenn Eline es nicht weiter besorgen kann. Sie ist tüchtig, und wenn sie jemand für die schwere Arbeit mieten kann, wird es vielleicht gehen."

Es war aber nicht der Gedanke an die Frau und die Kinder der Kate, was Helwig den Appetit nahm, sondern das Bewußtsein, daß der Pastor in seiner Stube saß und an die begangene Versäumnis als an eine schwere Sünde dachte.

Sie fand, daß er übertrieb, aber das half ihr nicht. Sie fühlte, daß sie ihn zu dieser Einsicht bringen müßte, wenn ihr beunruhigtes Gemüt wieder Frieden finden sollte.

Sollte sie es wagen, zu ihm hineinzugehen? Aber heute trug sie Bedenken, es zu tun. Sie wollte warten und sehen, ob er etwa im Laufe des Nachmittags ein wenig zur Mutter und ihr hineinkommen würde, wie er jetzt immer tat, wenn er zu Hause war.

Der Nachmittag verging. Mutter Ols brachte das Kaffeegeschirr hinein und trug es wieder hinaus, als der Kaffee getrunken war. Der Abend kam und ging, aber die Tür wurde nicht mit dem festen, ruhigen Griff geöffnet, nach dem Helwig und ihre Mutter sich sehnen gelernt hatten.

Ein paarmal zog Helwig sich an, ging hinaus und schritt die Wege in der Nähe des Predigerhofes auf und ab, in der Hoffnung, daß er sie sehen und zu ihr herauskommen würde. Aber wenn er sie vielleicht auch sah, so kam er doch nicht. Sie sah auch keine Spur von ihm. Vielleicht war er wieder von Haus fortgegangen. Helwig wagte nicht, Mutter Ols zu fragen, aus Angst, ihre Unruhe zu verraten.

Sie bettete ihre Mutter für die Nacht und ging dann in ihrer Stube daneben zu Bett. Aber sie konnte lange nicht einschlafen. In Gedanken hielt sie lange Gespräche mit dem Pastor und sagte ihm schlagende Wahrheiten, die ihn zwangen, klein beizugeben. Sie bewies ihm, daß er alles, was es auch sei, viel zu ernst nähme, wie zum Beispiel die Verzögerung der Krankenbotschaft. Glaubte er denn nicht an Gott? Oder hielt er Gott für so schwach, daß Er bei der Entscheidung über eines Menschen Leben oder Tod sich von solchen Kleinigkeiten, wie einer verspäteten Botschaft, beeinflussen ließ? Der muß eine hohe Meinung von seiner ärztlichen Kunst haben, der da glaubt, daß er den Tod hätte verhindern können, wenn es ihm gelungen wäre, etwas eher dazu zu kommen! Aber in diesem Phantasiegespräch wurde sie auch mitunter weich, bekannte sich schuldig und bat ihn, sie nicht zu hart zu richten.

Helwig war sehr erbaut von dem Verlauf der Erörterung und widerlegte jeden Einwand, den sie ihm in den Mund legte. Seine Äußerung, daß er ihre Schuld auf sich nahm, war doch übertrieben! Es fanden sich doch sichtbare Opfer, die man für andere bringen konnte, ohne daß man eine solche Ungereimtheit auf sich zu nehmen brauchte. In Gedanken sagte sie ihm das in beredten Worten, und er konnte seine Auffassung durchaus nicht verteidigen.

Sie beschloß, am Morgen wirklich mit ihm zu reden, und ihn dazu zu bringen, Vernunft anzunehmen. Und mit dem Entschluß schlief sie endlich ein.

23

Am folgenden Tage fand Helwig keine Gelegenheit, irgend etwas von der Unterhaltung zu verwirklichen, die sie in den wachen Träumen der Nacht mit dem Hausherrn gehabt hatte. Sie begegnete ihm nicht. Er war den größten Teil des Tages fort, und wenn er zu Hause war, war er in Anspruch genommen. Er kam nicht in das Zimmer der Baronin und erschien auch nicht zu den Mahlzeiten in der Küche.

Selbst wenn sie ihn allein im Arbeitszimmer wußte, wagte Helwig nicht, hineinzugehen, denn sie fürchtete einen unangenehmen Empfang. Sie ahnte, daß es kein Zufall war, daß sie ihn nicht traf. Er wich ihr aus, und wenn dem so war, dann konnte er sie vielleicht spüren lassen, daß er ihr Kommen als Aufdringlichkeit empfand. Obgleich sie ihn nie rücksichtslos gesehen hatte, sagte ihr das Gefühl, daß er es sein könne.

Der nächste Tag war ein Sonntag. Helwig ging in die Kirche. Hier konnte ihr der Pastor wenigstens nicht ausweichen. Hier mußte er sich hineinfinden, daß er ihr Gesicht sah, ihre Stimme hörte, und daß sie das, was er sagte, in sich aufnahm.

Der Text handelte von dem reichen jungen Mann, der nach dem Weg zum ewigen Leben fragte. Die Predigt hob hervor, daß Jesus den Jüngling ansah und ihn liebte, ihm aber zugleich eine so harte Antwort gab, daß der junge Mann betrübt fortging. Die Herbstsonne fiel durch das Fenster und warf einen warmen Schein auf des Pastors mächtigen Kopf. Das Haar bekam den Glanz von dunkel rostigem Eisen, und das schwerfällige Gesicht mit dem geradeaus gerichteten Blick trat in jeder Einzelheit hervor. Es lag keine weiche Nachgiebigkeit, aber auch keine Härte in dem geraden Mund mit den kräftigen Lippen. Man sah dem Mund an, daß er nicht lügen konnte, daß er sich nicht scheute, eine heilsame Wahrheit auszusprechen, selbst wenn sie bitter war, aber daß er gerade darum auch den wirksamsten Trost aussprechen konnte.

Als sie ihm heute zuhörte, brachte sie ihn mit dem Meister, von dem er sprach, in Gedanken zusammen. Es schien ihr, als sagte der Pastor selbst die Worte zu ihr, die er von Jesus anführte.

„Willst du vollkommen sein, so gehe hin, verkaufe, was du hast, und gib's den Armen, so wirst du einen Schatz im Himmel haben, und komm, und folge mir nach."

Helwigs bemächtigte sich eine gehobene Stimmung, die nicht nur eine Augenblicksstimmung, sondern ein folgerichtiges Ergebnis der Erfahrungen der letzten Tage war. Die gestellte Forderung fand Widerhall bei ihr, so wie sie heute von dem Pastor der Armen vorgetragen wurde. Vor einigen Tagen hatte er sie im Zwiegespräch vor die Wiedergeburt als den einzigen Weg in das Reich Gottes gestellt. Liegt in der Wiedergeburt vielleicht gerade etwas davon, daß man verkaufen soll, was man hat, um als nacktes Kind ins Leben einzugehen? Man bringt nichts mit sich in dieses Leben, nichts in das Leben der Wiedergeburt. Man kann aber in diesem Leben zu Reichtümern geboren werden, und sicher wird man das auch bei der Wiedergeburt.

„– – – so wirst du einen Schatz im Himmel haben."

Einen Schatz. Was für einen? Kann es etwas anderes sein, als die vollkommene Liebe? – –

Nach dem Gottesdienst ging Helwig gedankenvoll nach Hause.

Heute wurde zum Mittagessen in der großen Stube gedeckt, da wie gewöhnlich des Sonntags nicht genug Platz in der Küche war.

Die große Mittagsgesellschaft pflegte Helwig Vergnügen zu machen, aber heute aß sie drinnen bei der Mutter. Sie wollte dem Hausherrn zeigen, daß sie ihm auch ausweichen konnte. Vielleicht würde er es fühlen und fürchten, daß sie ihr allzu deutlich aus dem Wege gegangen war. Der Gedanke war ihr mehr als ein Trost, sie schwelgte darin.

Nach dem Essen zerstreuten sich die Gäste bald, und Sonntagsfrieden senkte sich auf den Pfarrhof.

In der Dämmerung setzte Helwig sich an die Orgel im Saal. Heute abend entsprach die Orgel ihrer Stimmung mehr als das Klavier.

Eben hatte sie Mons draußen in der Küche bei Mutter Ols gesehen, darum nahm sie an, daß der Pastor nicht zu Hause sei, denn dann wäre der Junge natürlich bei ihm gewesen.

Sie überlegte, warum ihr der Pastor wohl auswiche, und wie lange er das fortsetzen würde.

Heute in der Kirche mußte er sie gesehen haben. Hätte er nicht gern gewußt, ob seine Predigt Eindruck auf sie gemacht hatte? Hatte er während derselben an sie denken müssen? Sie ahnte beinahe, daß dem so war, denn die Predigt war in mehr als einer Hinsicht eine Ergänzung ihres Gesprächs über die Wiedergeburt gewesen. Würde er nie mehr einen Versuch machen, den Faden ihrer Unterredung wieder aufzunehmen? Sie hatte sich doch an ihn als Seelsorger gewandt! War es dann recht von ihm, sie ihrem Schicksal zu überlassen?

Wenn es einen kranken Kätner betraf, oder einen erbärmlichen kleinen Kerl wie Mons, dann hatte er den Eifer der Liebe, aber ihr wendete er den Rücken, ohne nach ihres Geistes Suchen zu fragen!

Helwig war in einer weichen, verletzten und sehnsüchtigen Stimmung, die einen starken religiösen Einschlag hatte. Ihr gedämpftes Orgelspiel ging in einen Choral über.

„Will in trüben Kummertagen
Dir das müde Herz verzagen,
Steht dir Trost und Hilfe fern:
Flücht in deine stillste Kammer
Und vertraue deinen Jammer
Deinem Gott und deinem Herrn!"

Ols war nicht ausgegangen, wie sie glaubte. Er saß in seiner Stube und hörte sie singen. Aber er ging nicht in den Saal hinaus und öffnete seine Tür auch nicht, um besser zu hören. Er dachte an die Predigt, die er gehalten hatte, und wandte sie mit Gottes Wort an der Spitze gegen sich selbst.

„Willst du vollkommen sein – –"

Das wollte er. Es war das Ziel, das er sich im Leben gesetzt hatte, das Ziel, das er, wie er wußte, nie aus eigener Kraft erreichen konnte. In der Wiedergeburt war er ein neues Geschöpf geworden und hatte das Leben der Vollkommenheit in seinem Keim empfangen. Es galt, das Leben mit aller Macht zu bewahren und jede Versuchung zu fliehen, die ihm schaden konnte. Der Gehorsam gegen Gott behütet den Lebenskeim und entwickelt ihn.

„– – – verkaufe, was du hast, und gib's den Armen."

Wenn man das verkaufen soll, was man schon besitzt, wieviel mehr muß man sich davor hüten, etwas zu kaufen, das man nicht besitzt! Denn man weckt sonst ein neues Verlangen, das sich der gläubigen Nachfolge Jesu hindernd in den Weg stellt.

„Wie hat sie mich nicht schon daran gehindert, meine Pflicht gegen einen Armen und Kranken zu tun, und mit welch unfreundlichen Augen sieht sie meine Liebe zu einem dieser Kleinsten an!" dachte Ols und blickte auf Mons hinab, der eben hereingekommen war und nun auf der Diele saß und mit ein paar Papierschlitten spielte, die er sich zurechtgestümpert hatte.

„Und dringt sie nicht in alle meine Gedanken ein, schwächt meine Gebete und zieht mein Herz von anderen Menschen, sogar vom Herrn selbst ab?" dachte Ols weiter. „Sah ich heute in der Kirche nicht sie allein, und richtete ich meine Worte nicht an sie allein, als wäre kein anderer Mensch dort? Wenn sie mein wäre, wäre sie dann nicht gerade der Reichtum, von dem ich mein Herz trennen müßte, um mich in meines Herrn Nachfolge den Armen wie bisher ungeteilt zu widmen? Wieviel mehr muß ich dann jedes Verlangen nach ihr unterdrücken!"

So redete er mit sich selbst.

Aber Helwigs melodischer Gesang drang zu ihm herein und ging ihm tiefer zu Herzen als früher, denn es lag ein neuer Ton wehmütiger Sehnsucht darin.

Zögernd, gegen seinen Willen, stand er auf, öffnete die Tür und blieb lauschend stehen.

> „Laß die heißen Tränen fließen
> Und die Klagen sich ergießen
> In ein kindliches Gebet;
> Vaterohr ist immer offen,
> Wenn ein Kind, vom Schmerz getroffen,
> Fromm und gläubig zu ihm fleht.“

Sie saß allein und sang in der Dämmerung von dem, den das Menschenherz bewußt oder unbewußt in allem sucht. In Ols Eriks herbe Züge kam ein anderer Ausdruck. Er dachte an ihre unterbrochene Unterredung am Bücherständer in seinem Zimmer und brachte sie mit ihrem sehnsüchtigen Gesang in Verbindung. War es recht von ihm, an der Aufrichtigkeit ihres Suchens zu zweifeln? War es recht, daß er ihr auswich? Sie hatte sich an ihn als an den Seelsorger gewandt. Durfte er sich nun zurückziehen, wenn er sich ihr gegenüber als Mann schwach fühlte?

> „Kann dir schnelle Hilfe frommen,
> Glaube nur, sie wird dir kommen
> Wohl im Schlaf schon über Nacht;
> Soll dein Leiden sich nicht enden,
> Wird er seinen Tröster senden,
> Der dich stark im Dulden macht.“

Mit diesen Worten bahnte sich die herrliche Stimme einen Weg in das Allerheiligste seines Herzens, in dem er bisher niemand anders als seinen Gott verehrt hatte. Die irdische Liebe wurde bei ihm zu einem religiösen Gefühl.

In den Saal aber ging er nicht; denn er wußte abzuwarten.

24

Am folgenden Tag saß Helwig in der Kirche und malte den Altarraum mit dem alten Altarschrein. Die Sonne schien herein, beleuchtete die Holzschnitzereien und hob die Gesichter und Stellungen der vielen kleinen Gestalten hervor. Helwig malte in gehobener Stimmung. Sie dachte an die gottesdienstlichen Handlungen, die an dem Altar verrichtet wurden, und an den Pastor, der sie ausführte. „Die Religion ist doch schön und erhaben!" dachte sie und fühlte sich zu ihr hingezogen.

Als sie so malte, hörte sie Schritte hinter sich. Sie hatte gelernt, die Schritte zu erkennen, und ihr Herz fuhr zusammen und ging mit ihr durch. Endlich kam er!

Aber sie wandte sich nicht um; denn sie wollte ihrer Bewegung Herr werden, ehe er ihr Gesicht sähe.

Die Schritte kamen näher. Nun stand jemand dicht hinter ihr still, da, wo sie im Mittelgang neben den Bankreihen auf ihrem kleinen Feldstuhl saß und malte.

Da wandte sie sich um und blickte in Ols Eriks Gesicht.

„Sie weichen mir also nicht mehr aus?" sagte sie mit leisem, halb gekränktem, halb spöttischem Lächeln.

„Ich suche Sie vielmehr auf."

„Wollen Sie etwas Besonderes von mir?"

Er antwortete nicht, denn eigentlich wollte er so vielerlei von ihr, daß er keine Worte dafür finden konnte. Zunächst war es sein Wunsch, den Faden ihrer Unterredung in seinem Arbeitszimmer wieder aufzunehmen, doch hoffte er, daß sie es selbst tun würde. Er betrachtete ihre Malerei und fand, daß sie mit ihrem Choralgesang vom gestrigen Abend übereinstimmte.

„Wie finden Sie die Malerei?" fragte sie.

„Es liegt Andacht darin."

Sie errötete vor Freude über das Urteil. Ihr Erröten war heiß und schnell. Es hatte wie ihr Lächeln etwas Blitzartiges an sich, das den Reiz ihres lebhaften Gesichtes außerordentlich erhöhte. Die Andacht, die er in ihrer Malerei erblickte, trat jetzt deutlich in ihrer Stimmung zutage.

„Die Religion ist schön," sagte sie sehnsüchtig.

„Sie ist mehr als das, sie ist Leben."

Sie tat einige Pinselstriche und ließ dann die Hand, die den Pinsel führte, in den Schoß sinken. Sie wünschte, daß hier ein Beichtstuhl wäre, in dem sie, auf den Knien liegend, ihm ihre Beichte heimlich in die Ohren flüstern und sich seiner geistlichen Leitung anvertrauen könnte. In dieser Stimmung wandelte sich ihre innere Haltung ihm gegenüber betreffs der Frage nach dem, was sie in den letzten Tagen getrennt hatte. In jenem nächtlichen Phantasiegespräch hatte sie sich gegen seine Auffassung gesträubt und die ihrige verteidigt, jetzt war sie willig, alle Schuld auf sich zu nehmen und sie auch als Schuld anzusehen. Seine Strenge sollte sie bußfertig finden.

„Warum nehmen Sie sich Jonas' Tod mehr zu Herzen, als andere Todesfälle?" begann sie.

„Wie wissen Sie, daß ich das tue?"

Sie hatte erwartet, daß er ihre Frage mit einer mehr oder weniger direkten Anklage beantworten würde, und war verwundert, wie wenig er geneigt dazu war.

„Ihre Mutter konnte Ihr Verhalten in den letzten Tagen auf keine andere Weise erklären, als daß Sie sich eines Versäumnisses bewußt sein müßten," antwortete sie und ging damit geradeswegs auf die Sache los. Aber auch jetzt kam die erwartete Anklage nicht über seine Lippen, wenn sie sich nicht gerade sein Schweigen als solche deuten wollte. Da ging Helwig selbst zur Anklage gegen sich über.

„Ich weiß wohl," sagte sie traurig, „daß ein Versäumnis begangen wurde, und zwar von mir. Hätte Jonas gerettet werden können, wenn Sie einen Tag eher zu ihm gekommen wären?"

„Menschlich betrachtet wäre es vielleicht möglich gewesen."

„Menschlich betrachtet? Wie soll man es sonst betrachten?"

„So, daß Gott über Leben und Tod waltet und nichts von Zufälligkeiten abhängig macht."

Helwig fiel ein, daß sie in jenem nächtlichen Gespräch gerade diesen Beweis gebraucht hatte, um ihn zu widerlegen.

„Haben Sie die ganze Zeit so gedacht?" fragte sie.

„Ich habe mich zu der Auffassung durchkämpfen müssen. Ich bin wohl ein klein wenig eitel auf meine ärztliche Kunst und geneigt, mir selbst zuviel Macht zuzutrauen."

Wieder dasselbe, das sie ihm in ihren Gedanken gesagt hatte! Hatte er im Unterbewußtsein ihre Beweisführung vernommen und sich williger davon überzeugen lassen, als er es bei einer mündlichen Aussprache getan hätte?

„Schieben Sie die Schuld an Jonas' Tod denn nicht auf mich?"

„Nein."

„Aber ich tue es."

Bei den Worten wandte sie sich plötzlich um und blickte ihn herausfordernd an. Sein stählernes Gesicht wurde noch fester und strenger, als sie es je gesehen hatte.

„Das dürfen Sie nicht."

„Warum nicht?"

„Weil das übertrieben ist."

„Wenn aber die Verzögerung, an der ich die Schuld trage, doch seinen Tod verursachte?"

„Erstens wissen wir nicht, ob sie das tat; zweitens kann sie es nicht getan haben, denn Gott läßt niemand sterben, ehe der Augenblick dazu da ist."

„Und drittens?" fiel sie fragend ein, da er mit einem Ausdruck auf dem Gesicht schwieg, als wäre er noch nicht zu Ende.

„Drittens handelten Sie nicht aus bösem Willen, sondern aus Gedankenlosigkeit. Bitten Sie Gott um Vergebung dafür, aber sehen Sie es nicht so an, als hätten Sie eines Menschen Tod verursacht! Der Gedanke wäre zu schwer."

Wie sie das finstere Wohlwollen liebte, mit dem er sie gegen die Übertriebenheit ihrer eigenen Anklagen verteidigte, während er zugleich rein heraus sagte, was er als wirkliche Schuld ansah! Unter der Leitung dieses Mannes könnte sie – – ja, was könnte sie werden? Etwas, wonach sie sich ihr Leben lang im Stillen vergeblich gesehnt hatte.

„Sie könnten mich zu einem ganzen Menschen machen!"

Die Worte, und vielleicht noch mehr der schmerzliche Ton, in dem sie ausgesprochen wurden, ergriffen ihn. Brauchte sie ihn wirklich? Da durfte er nicht feige sein und sie wie eine Versuchung fliehen, er mußte sich ihrer vielmehr, gestärkt durch Gott, annehmen.

„Einen ganzen Menschen?" rief er in mitfühlendem, fragendem Ton aus.

„Ich bin so zersplittert, und darunter leide ich. Ich habe mich immer, mehr oder weniger bewußt, nach etwas gesehnt, das stark genug wäre, um alle meine nach verschiedenen Richtungen strebenden Neigungen zu sammeln und auf ein bestimmtes Ziel zu richten. Mir ist, als bestände ich aus mehreren Menschen. Ich bin nun dieser Zersplitterung müde. Ich will ein ganzer Mensch werden."

„Und Sie glauben, daß ich Ihnen helfen könnte, es zu werden?" fragte er leise.

„Sie sind selbst wie aus einem Stück gegossen, und können anderen helfen, auch so zu werden! Worin liegt dies Geheimnis?"

„Es gibt nur eins, das den Menschen ganz machen kann. Und das ist die Liebe Gottes in Jesus Christus. Erschließen Sie sich der!" –

25

Der strahlende Oktobermorgen war gar zu verlockend. Helwig empfand eine unbezwingliche Lust, in die frische, freie Natur hinauszueilen.

„Mach du nur einen weiten Spaziergang," sagte ihre Mutter; „aber sieh zu, ob nicht jemand mit dir geht. Ich habe es nicht gern, wenn du die einsamen Wege allein gehst."

„O, da ist keine Gefahr!" versicherte Helwig.

Sie wußte wohl, welche Gesellschaft sie gern gehabt hätte! Vielleicht war es nicht ganz unmöglich, die zu bekommen. Sie wollte einen leisen Versuch machen.

Beim Frühstück erklärte sie ihre Absicht, bei dem herrlichen Herbstwetter den ganzen Vormittag zu wandern.

„Meine Mutter beunruhigt sich, daß ich allein gehen wollte; aber auf den hiesigen Wegen ist doch keine Gefahr?"

Halb behauptend, halb fragend sagte sie es zu Ols.

Er antwortete nicht gleich, er überlegte stillschweigend.

„Haben Sie ein bestimmtes Ziel für Ihre Wanderung?" fragte er.

„Mein einziges Ziel ist, auszugehen."

„Ich habe Besorgungen in Holderfeld; jenseits des Flusses, zu machen. Es ist ein paar Stunden bis dorthin. Vielleicht wollen Sie mit mir gehen, dann braucht die Frau Baronin sich nicht zu beunruhigen."

Auf solch ein Anerbieten hatte Helwig gerade gehofft; aber sie antwortete nicht gleich zustimmend.

„Sie werden wohl dort bei Leuten zu Gast sein, da kann ich doch nicht mit?"

„Ich nehme Essen im Rucksack mit, dann sind wir unabhängig."

„Aber Sie haben amtliche Geschäfte, da störe ich?"

„Ich muß ein paar Kranke besuchen, und während ich das besorge, können Sie sich mit den anderen unterhalten. Ich schlug es nur vor, damit Sie nicht allein zu gehen brauchen," fügte er gleichsam entschuldigend hinzu.

„Wenn ich mitgehen darf, bin ich sehr dankbar," versicherte Helwig schnell.

Also gingen sie. Die ernste, großartige Landschaft strahlte in der Sonne, die frische Lust hatte eine anspornende Kraft, man ging wie von unsichtbaren Flügeln getragen, und die Wangen röteten sich. Helwig fühlte sich unbeschreiblich wohl. Sie ließ ihren Blick am Horizont entlang schweifen und nahm die ganze Schönheit in sich auf, die heute etwas Überirdisches hatte. Dabei glitt ihr Blick auch über das derbe Gesicht neben ihr, und sie hatte das Gefühl, als wäre alles, was sie an Schönem sah, darin zusammengefaßt. Die Seele der Natur begegnete ihr in seinem Ausdruck.

Seiner Stimme und seinen kurzen Reden lauschte sie, als hätte sie ihn noch nie gehört. Und doch war sie es, die am meisten sprach. Sie sprach von sich selbst. Aber die Aufmerksamkeit, mit der er zuhörte, und seine kurzen, taktvollen Fragen gaben ihr das Gefühl, als leitete er das Gespräch.

Noch nie war sie so offenherzig gewesen wie heute.

Sie erzählte ihm von ihrem Leben seit der Kindheit, wie sie durch ihre unglückliche Vielseitigkeit nach den verschiedensten Richtungen hin und her gezogen worden war, und was für Reibungen das verursacht hatte.

Sie blieb nicht bei dem Äußerlichen stehen, sondern vertiefte sich in Selbstprüfung. Dabei bat sie ihn, ihr zu helfen, daß sie zur Klarheit über sich selbst käme. Gern wollte er das, verlangte aber, dann müsse sie durchaus aufrichtig sein, sonst könne er sich kein richtiges Urteil über sie bilden. Und sie versprach es. War es doch ein eigenartiges Entzücken, das sie bei allen diesen Gedanken bewegte!

Von dem Verhältnis zwischen ihr und ihrer Mutter bekannte sie, daß ihre Mutter sie immer verzogen habe. Sie war das einzige Kind und hatte ihren Vater früh verloren. In äußerer Hinsicht hatten sie es immer mehr als gut gehabt. Weder Geldmangel noch Bevormundung durch die Mutter, oder sonst irgend etwas hatten Helwigs Wünschen je im Wege gestanden.

„Ich habe immer tun dürfen, was ich wollte; aber das trägt seine Strafe in sich; denn es wird einem dann oft schwer, zu wissen, was man will," sagte Helwig und lächelte in herzgewinnender Aufrichtigkeit.

Nur bei einer Gelegenheit war die Mutter ihren Wünschen entgegengetreten, nämlich als Helwig sich dem Gesang widmen wollte und sich die Oper als Ziel gesetzt hatte.

„Ich erkenne jetzt nachträglich, daß ich es wohl nicht im Ernst gewollt habe, denn dann hätte mich meine Mutter nie dazu gebracht, zu verzichten," sagte Helwig in unbefangener Selbsterkenntnis. „Im Grunde genommen war ich ihr wohl nur dankbar für ihren Widerstand. Denn ich konnte nun die Schuld auf jemand anders schieben, als ich von der Musik zur Malerei überging.

„Warum wollten Sie denn nicht zur Oper?"

Helwig schwieg ein Weilchen; denn mit der Frage hatte er ein inhaltsreiches Kapitel ihres Lebens berührt. Dann antwortete sie eingehend und lebhaft, so daß man merken konnte, wie gern sie von sich redete. Trotz seiner großen Teilnahme an allem, was sie betraf, war Ols doch nicht blind. Er lernte sie vielleicht noch besser kennen durch die Art, wie sie von sich sprach, als durch das, was sie von sich sagte.

Sehr eifrig entwickelte sie die Gründe für und wider die Opernlaufbahn, die ihr einst inneren Kampf und Aufregung verursacht hatten. Aber der Grund, auf den er wartete, war nicht darunter. Wenn sie schließlich darauf verzichtet hatte, so war das teils ihrem Geburtsstolz, teils ihrer Trägheit zuzuschreiben. Sie hatte eingesehen, daß die Opernlaufbahn einen Schritt bedeutet haben würde, der sie außerhalb alles gesellschaftlichen Ansehens geführt hätte; es hätte anhaltende und strenge Arbeit gekostet, die Laufbahn zu betreten, und noch viel mehr, darin zu beharren.

„Ich hätte mich nur mit einem Platz in der Reihe der Besten begnügt," erklärte sie.

„Hatten Sie denn nie Gewissensbedenken?"

Die Frage setzte sie in Erstaunen, dann fiel ihr aber ein, daß er ja Geistlicher war, und da war es natürlich, daß er so fragte.

„Die hatte ich nicht. Ich sehe nichts Unrechtes in der Opernlaufbahn."

Da ging Ols nicht tiefer auf diese Frage ein.

„Aber warum gaben Sie die Musik auf, weil Sie nicht zur Oper gehen wollten?"

„Ja, sehen Sie, da trat die ›Ganzseinsforderung‹ dazwischen, die ich trotz aller meiner Zersplitterung so stark in mir trage. Ich wollte mich dem ganz widmen, was ich erwählte. Und wie hätte ich die Musik außerhalb der Oper zum Lebensberuf machen können? Konzertsängerin war mir nicht genug, und Musiklehrerin, das hätte ich nie aushalten können! Nein, lieber wollte ich etwas anderes ergreifen."

„Kann die Malerei Sie ganz befriedigen?"

„Das weiß ich noch nicht," antwortete sie und zweifelte wohl selbst daran. „Ich bin noch nicht soweit gekommen, daß ich darüber urteilen könnte. Es ist zwar viel Arbeit dabei, aber es interessiert mich doch ungeheuer. Ich muß aber mal sehen. Wenn ich merke, daß ich nicht genug Begabung habe, um es bis aufs höchste zu bringen, werfe ich den ganzen Kram eines schönen Tages in die Ecke!"

„Sie sind ehrgeizig!"

„Ja, und das hat seine guten wie seine bösen Seiten. – Ich habe viel in mir, was mich unglücklich machen kann."

Nun öffnete sie einen noch geheimeren Raum ihres Herzens. Es war so verführerisch, von sich selbst zu sprechen. Dazu mit einem verständnisvollen und mitfühlenden Zuhörer, der wohl ihres Wesens

Rätsel zu lösen vermochte. Es war ja auch sein Amt, die verschiedenartigsten Menschen zu verstehen und ihnen zurecht zu helfen.

„In meiner Seele, ganz drinnen im Herzen, sitzt ein kalter, kritischer Geist," erzählte sie in gedämpftem Ton, als wenn sie eine Spukgeschichte zum besten gäbe. „Der sieht mich mit höhnischem Eisesblick an und erkältet jedes warme Gefühl, das in mein Herz hinein will. Ich wage nicht, mich für irgend etwas zu erwärmen. Dann hohnlacht der Geist, und ich schäme mich. Über so etwas wie Ehrgeiz und Stolz lacht er nicht. Aber alle warme Herzlichkeit vertreibt er. Haben Sie einen ähnlichen Geist in Ihrer Seele?"

Er schüttelte den Kopf.

„Ich möchte wissen, ob er ein Teil meines Ichs ist, oder nur ein Fremdkörper? Mitunter freue ich mich über ihn, denn er hindert mich daran, mich lächerlich zu machen. Aber mitunter, wenn ich einem Gefühl nachhängen möchte und jener Geist mich daran hindert, leide ich. Er sitzt da drinnen und beobachtet mich und lacht mich aus, so daß ich mir selbst lächerlich vorkomme und kalt werde. Was meinen Sie wohl, was das für ein Geist ist?"

„Ich glaube, Sie denken zuviel an sich selber."

„Denke ich wirklich soviel an mich selbst?" fragte sie mit sanftem Vorwurf, der sagen wollte, daß er jetzt wohl zu streng in seinem Urteil wäre.

„Sie denken bewußtermaßen soviel über sich selbst nach, daß Sie es dann auch unbewußt aus Gewohnheit tun. Und das erweckt in Ihnen das Gefühl, als säße ein beobachtender Geist in Ihrer Seele."

„Aber warum verhöhnt der mich? und gerade meine warmen Gefühle? In meinem bewußten Nachdenken verhöhne ich mich nicht selbst."

„Ich möchte Ihnen raten, den Geist als Ihren Feind anzusehen und Ihr Herz nicht von ihm ersticken zu lassen."

Ach, wie das Gespräch Helwig interessierte! Ihn mit solchem Ernst über sie reden zu hören, und dazu mit ihr selbst, machte ihn ihr so lieb, daß sie kaum ihre Gefühle zurückhalten konnte.

„Da haben Sie sehr recht. Ich habe die höhnische Selbstbeobachtung stets als einen Feind empfunden, und gewünscht, daß etwas noch Mächtigeres kommen und von mir Besitz nehmen möchte," sagte sie voll schmerzlichen Sehnens.

Eine Zeitlang gingen sie schweigend weiter, dann sagte Helwig in ruhigerem Ton:

„In Ihrer Gesellschaft bleibt der Geist stille, und dafür bin ich Ihnen so sehr dankbar."

In den Worten lag viel, gefährlich viel; aber doch mußte sie so sprechen.

26.

Holderfeld machte seinem Namen Ehre; denn hier wuchsen eine Menge Wacholderbüsche. Um die zerstreut liegenden Gehöfte standen die schönen, pyramidenförmigen Sträucher in dem kurzen Gras, bis hinauf an den Hochwald.

Mehrere der Katen hier oben hatten graue Mauern, entweder weil die Eigentümer zu arm oder zu gleichgültig waren, um sie rot zu tünchen. Der erste Hof, in den Ols trat, leuchtete jedoch rot in der Sonne, und alles deutete auf Wohlstand. Drinnen aber herrschte Unruhe. Der älteste Sohn, der den Hof übernehmen sollte und schon jetzt die beste Arbeitskraft war, lag krank.

Gerade wie in Jonas' Kate sah Helwig auch hier, wie sich alle Gesichter beim Eintritt des Pastors erhellten und dasselbe Gepräge vertrauender Ruhe und Sicherheit zeigten wie dort, jenes unbestimmbare Etwas, das sie erkennen ließ, wie gänzlich er mit denen eins wurde, denen er zu helfen kam. Bewunderung für seinen Beruf und die Art, wie er ihn ausfüllte, ergriff sie.

Ols ging gleich mit der Mutter des Jünglings in die Kammer, wo der Kranke lag, und Helwig blieb in der Wohnstube bei den jüngeren Geschwistern und der alten Mutter, denn natürlich fand sich auch hier, wie in den meisten Gehöften, eine Alte, die zurückgeblieben war. Wer hätte sonst den Kindeskindern von der Väter Zeiten erzählen können?

Ols blieb lange in der Krankenstube, die jüngeren Geschwister wurden in Anspruch genommen, und es gab ein geschäftiges Hin und Her; denn allem, was Ols für die Behandlung des Kranken verschrieb, mußte man Folge leisten. Es war genau wie beim Besuch eines Arztes.

Von dem ansehnlichen roten Hof ging dann der heilkundige Pastor in einige der grauen Katen hinüber, wo es auch Kranke gab.

„Ja," sagte er, als er in einem der Häuschen saß und die Klagen anhörte, „wenn es am Körper kneift, dann schickt ihr nach dem Pastor; aber wie oft laßt ihr ihn holen, um eure Seelennöte zu heilen?"

Man lächelte halb belustigt, halb verlegen, und guckte sich gegenseitig an.

„Ja, seht Ihr, man weiß, daß man Sünde hat, aber man merkt's nicht. Wenn man aber Schmerzen im Körper hat, das merkt man," erklärte der alte Vater, der, von Gicht gekrümmt, in seiner Ecke saß. Er hatte lebhafte Augen, die von Verstand zeugten.

„Jeder Kranke sucht Heilung für seine Krankheit, aber nicht einer von hundert Sündern sucht die Vergebung der Sünden," sagte Ols. „Und doch ist die Sünde die Wurzel alles Übels."

Man lachte nicht mehr. Es kam ein nachdenklicher Ausdruck in die Gesichter um den Pastor. Man wußte, daß er recht hatte. Man hörte ihm gern zu, und die Stille in der Stube schien ihn zu bitten, fortzufahren.

„Unser Heiland fing die Heilungen der Krankheiten gern damit an, daß er dem Kranken seine Sünden vergab und nach dem Glauben forschte. Und die Sündenvergebung war gewiß eine noch bessere Gabe als die Heilung selbst," sagte Ols.

Man sah es vielen Gesichtern an, daß sie aufrichtig zustimmten.

Nicht nur die Familie saß um „unsern Ols" in dem Häuschen, die Nachbarn waren auch herbeigekommen. Sie hatten gehört, daß er da war und trugen ihm ihre Gebrechen vor. Während er auf alle die Klagen hörte, ergriff er das Wort. Man war ja auf bestem Wege, den Pastor über den Arzt zu vergessen, und das wollte Ols nicht.

Er sah mit seinem scharfen und doch gutherzigen Blick von einem Gesicht auf das andere und las manche dunkle oder deutliche Schrift, die da geschrieben stand.

„Ihr alle habt Lasten zu tragen," sagte er. „Manche kommen leicht zum Vorschein, wie zum Beispiel Krankheit. Aber weiter drinnen sitzen solche, die hervorgesucht werden müssen. Einige könntet ihr gewiß kaum selbst in Worte kleiden. Man weiß den Namen der eigenen Last oft nicht, man fühlt nur ihren Druck. Nicht wahr?"

Ja gewiß, so war es! Man seufzte beistimmend, aber es waren weniger die Seufzer, als der Ausdruck der Gesichter, namentlich bei einigen der jüngeren, der Ols zeigte, daß er das Rechte getroffen hatte.

„Der Druck, den man nicht in Worte kleiden kann, ist der Druck der Sünde," sagte er. „Man darf sich erst mit der Gewißheit der Sündenvergebung zufrieden geben. Macht keine Umwege ums Kreuz!"

Bei den Worten stand er auf und ging durch die Wohnstube auf die Kammertür zu. Dort wandte er sich um, sah die, die er noch nicht behandelt hatte, einen nach dem anderen an, und sagte ihnen, daß sie nun der Reihe nach zu ihm hineinkommen sollten. Denen, die er jetzt einzeln hineinkommen ließ, hatte er angemerkt, daß sie sich scheuten, das vorzubringen, was ihnen fehlte. Einige hatten sogar getan, als wären sie nur zur Gesellschaft mitgekommen. Aber Ols ahnte, daß sie vielleicht mehr den Geistlichen als den Arzt in ihm suchen würden, wenn er sie unter vier Augen spräche.

Helwig war mit in der Wohnstube und hatte als lebhaft interessierte Zuschauerin dagesessen. Aber trotz des Eindrucks, den sie während der Stunden in Holderfeld empfing, mußte sie doch an ihr Gespräch mit Ols während des Herwegs denken. Besonders eines hatte sich wie mit

Widerhaken in ihrem Gemüt festgesetzt, und das war der Ausspruch, daß sie zuviel an sich selber dächte.

Tat sie das? Selbsterkenntnis war doch etwas, wonach man streben sollte, aber wie soll man sie erlangen, ohne daß man über sich selbst nachdenkt?

Fand er, daß sie zu sehr von sich eingenommen war?

Ihre Wangen wurden heiß, als sie sich überlegte, wie ausschließlich sie auf dem ganzen Herweg mit ihm über sich selbst gesprochen hatte. Und wenn sie an alle ihre Unterhaltungen mit ihm während ihres Aufenthalts in Skalunga dachte, so mußte sie bekennen, daß sie sich selbst oft mehr oder weniger zum Gegenstand derselben gemacht hatte. Und sie redete von sich mit Interesse, da sie ein ebenso großes Interesse bei ihm voraussetzte.

Was hatte sie nur dazu verleitet? Wenn es auch wahr sein mochte, daß sie gern über sich nachdachte, so pflegte sie doch im allgemeinen nicht mit anderen über sich selbst zu sprechen. Weit davon entfernt! Vor Bekannten und den meisten ihrer sogenannten Freunde war sie in bezug auf ihr Inneres eher verschlossen, und nicht einmal gegen ihre nächsten Freunde oder ihre Mutter hatte sie sich auch nur annähernd so rückhaltlos ausgesprochen wie dem Pastor gegenüber.

Wie kam das? War es seine Anteilnahme an ihr, was sie mitteilsam machte, oder gehorchte sie nur ihrem eigenen Bedürfnis?

Wie dem auch sein mochte, so beschloß Helwig, ihn auf dem Heimweg dazu zu bringen, von sich mit ihr zu sprechen, dann hatten sie einander nichts vorzuwerfen. Der Beschluß bedeutete kein Opfer ihrerseits, denn sie interessierte sich lebhaft für ihn, und alles, was mit ihm irgendwie in Berührung stand, bekam in ihren Augen einen besonderen Glanz.

Als Ols und Helwig sich endlich auf den Heimweg begaben, schritten sie tüchtig aus, denn sie hatten einen weiten Weg vor sich, und die Sonne stand schon tief.

Von Holderfeld fiel der Weg allmählich nach dem Fluß zu ab. Auf einer breiten Brücke gingen sie hinüber. Oberhalb der Brücke schäumte das Wasser in weißen Stromschnellen, floß aber ruhig unterhalb derselben dahin, um dann gleich wieder der nächsten Stromschnelle zuzuschießen. Von hier oben sah man nur den in die Luft geschleuderten Schaum.

Helwig blieb mitten auf der Brücke stehen und lauschte dem Gebrause der Wasser. Sie blickte auch hinauf nach den beiden Höhenzügen, auf den, von dem sie eben herabgestiegen waren, und auf den, der noch vor ihnen lag. Glutrot lag der Glanz der Herbstsonne aus den Wäldern.

„Es ist, als hätte mein ganzes Wesen hier Wurzel geschlagen!" sagte Helwig innig. „Wie werde ich mich von hier losreißen können?"

Mit hastigen Schritten ging sie weiter, als schmerzte sie etwas. Und das war auch der Fall. Die Worte eben waren echt gewesen und von Herzen gekommen.

Er antwortete nicht, aber seine Pulse schlugen hastig.

Nahe am Fluß war das Land bebaut, aber höher oben fing der Wald an, und da war es einsam. Hier wollte Helwig ihn dazu bringen, von sich zu sprechen.

„Wenn ich Sie bei den Kranken sehe, vergesse ich, daß Sie Pastor sind und nicht Arzt. Warum wurden Sie nicht Arzt?"

„Das Studium ist zu lang."

„Wenn es das nicht wäre, würden Sie dann Arzt geworden sein?"

Er schüttelte den Kopf.

„Mein Beruf war, Geistlicher zu werden."

„Sind Sie sicher, daß Sie sich darin nicht geirrt haben? Würden Sie eine so ausgeprägte Anlage für den ärztlichen Beruf bekommen haben, wenn Sie nicht dafür bestimmt wären?"

„So wie es jetzt ist, liegt die Anlage doch nicht ungenutzt da."

„Nein, aber sie hätte doch mehr zur Geltung kommen können."

„Das ist noch fraglich."

Sie versuchte, sich auf seinen Standpunkt zu stellen.

„Sie wollten den Geistlichen in sich nicht vor dem Arzt zurückstehen lassen?"

Er nickte. Da hatte sie den Nagel auf den Kopf getroffen! Sie errötete vor Freude. Es war ebenso unterhaltend, über ihn zu sprechen, wie über sich selbst. Und sie empfand es wie einen Triumph, daß sie ihn dazu vermocht hatte.

„Eigentlich haben Sie dieselbe Not wie ich: die Anlage zu mehr als einer Sache. Aber Sie verstehen es, Ihr Problem besser zu lösen, als ich das meinige. Wie konnten Sie so bestimmt wissen, daß Sie Pastor werden sollten und nicht Arzt?"

„Ich wußte, was ich vor allem anderen wollte: das Evangelium verkündigen. Und da es dafür ausschließlich ein Amt gibt, zu dem man erzogen und geweiht wird und wofür man sich eingehende Kenntnis erwirbt, so war es sonnenklar, was ich zu wählen hatte."

„Und Ihre ärztliche Anlage machte Sie nicht irre?"

„Nein. Auch darin sah ich meinen Weg klar. Ich sah, wie das meinem Priesteramt dienen könnte. Es verschafft mir Zutritt zu vielen Kranken, die nie nach einem Geistlichen schicken würden."

„Sie haben einen herrlichen Doppelberuf! Geistlicher und Heilkundiger! Wenn irgend jemand, so müssen Sie doch harmonisch und befriedigt sein!"

„In und von mir selbst, meinen Sie?"

„Ja, und von Ihrem Beruf und der ganzen Welt."

„Mein Beruf bringt aber auch große Gefahren mit sich, und ich mache oft sehr niederdrückende Erfahrungen."

„Natürlich können Ihre Kuren nicht immer glücken! Das kann doch auch niemand verlangen!"

„Meine größte Gefahr ist, es so zu machen wie die Gemeindeglieder: den Geistlichen über dem Arzt zu vergessen. Und am niederdrückendsten ist, wenn ich keine Tür zwischen Arzt und Pastor finde, oder wenn es mir nicht glückt, sie zu öffnen."

„Ich weiß nicht, ob ich Sie recht verstehe?"

„Die Menschen fragen im allgemeinen so viel mehr nach den Angelegenheiten ihres Körpers, als nach denen ihres Geistes, daß es schwer ist, sie auch nur zu dem Bewußtsein zu wecken, daß sie einen Geist haben, der ewig verloren gehen kann, wenn er nicht erlöst wird. Man trifft bedauerlich selten ein Wachen und Leiden um die Sünde."

„Kann es denn aber nicht sein, daß man gar nicht so sündig ist?"

Er schüttelte den Kopf.

„Ich zum Beispiel kann mich beim besten Willen nicht sündig fühlen. Ich weiß von keiner schweren Sünde in mir," sagte sie.

„Auch in Ihnen ist Sünde."

„Ja, wie in allen anderen"

„Nicht wie in allen anderen, sondern gerade Ihre eigene Sünde, nach Ihrer Eigenart. Glauben Sie nur nicht, daß Sie die in der Sünde aller anderen verbergen können."

Bei dieser unmittelbar persönlichen Zurechtweisung stieg das dunkle Rot wieder in Helwigs Wangen. Sie sah ein, daß es ihre eigene Schuld war, ihre unglückselige Neigung, die Unterhaltung auf ihre eigene Person zu bringen! Er hatte seine Aufmerksamkeit auf ihre Selbstsucht gelenkt, und sie sah die Wahrheit seiner Bemerkung mehr und mehr ein. War die Selbstsucht ihre besondere Sünde, unter der sie leiden mußte?

Vielleicht litt sie, wenn auch unbewußt, darunter, vielleicht war das der Grund ihrer Friedlosigkeit.

Sie blickte in das feste Gesicht neben sich und begegnete seinem Blick. Er hatte im Weitergehen ihr nachdenkliches feines Profil beobachtet.

Der rote Glanz der Abendsonne lag auf ihnen beiden, aber der Abglanz des Gedanken- und Gefühlslebens, der sowohl die derben, männlichen Züge wie das feingeschnittene, weibliche Gesicht beseelte, war stärker als das äußere Farbenspiel.

Mehr als je sehnte sich Helwig nach dem übermächtigen Etwas, das sie von der eigensüchtigen Macht ihrer Selbstbeobachtung losreißen und zu einem ganzen Menschen machen könnte, und mit einem Schauer beängstigenden Entzückens empfand sie plötzlich, daß ihr dies Etwas ganz nahe gerückt war.

Aber sie war so voller Widersprüche, daß sie sich aus allen Kräften gegen die ersehnte Macht wehrte. Sie bebte vor der Selbsthingabe zurück, in der sie doch ihre Rettung ahnte.

27.

Als Ols Erik von der Bedeutung des Kummers über die Sünde sprach, machte er keine leeren Redensarten, sondern sprach aus Erfahrung. Mehrere Jugendjahre hatte er in der Hölle der Gottesferne zugebracht. Durch die Vergebung der Sünden in Christi Blut war er erlöst worden. Diese Erfahrung war ein Quell lebendigen Wassers für ihn geworden. Danach hatte er unter dem Zeichen Christi gelebt, und in dem Zeichen stand seitdem seine ganze Wirksamkeit.

Jahre der Arbeit, die manchmal köstlich, manchmal bitter waren, Jahre des Kampfes mit mehr Siegen als Niederlagen unter dem Zeichen des Kreuzes lagen hinter ihm. Er hatte an der Hand des Herrn Festigkeit gewonnen, war ein erprobter Kämpfer, ein Führer und Helfer anderer geworden.

Schlicht und großzügig hatte er sein Leben verbracht, und seine Wege waren gerade gewesen. Der Kampf zwischen Geist und Fleisch war ihm nicht unbekannt. Aber er hatte bisher seinen Weg leicht sehen können, die Grenze zwischen Fleisch und Geist hatte immer klar vor ihm gelegen. Ohne zu zweifeln, hatte er stets gewußt, wo er in dem Kampf stehen mußte. Wenn es auch unmöglich war, die Sünde aus eigener Kraft zu besiegen, so war es doch leicht gewesen, zu entscheiden, was Sünde war, wenn auch der heißeste Gebetskampf hatte einsetzen müssen.

Aber jetzt! Jetzt war er in große Verwirrung gekommen. Was war nun recht und was war unrecht? Er sah keine deutliche Grenze, er wußte seinen Weg nicht mehr und kam sogar im Gebet in Verwirrung. Seine wachen Sinne sagten ihm, daß das von einem Kampf zwischen Fleisch und Geist herrühre; was ihn aber irre machte, war, daß auf einmal sogar das Fleisch durchgeistigt schien. Es war kein Sinnenrausch, keine niedrige Begierde, was das feinsinnige, feingliedrige, knabenhaft zutrauliche, junge Mädchen in ihm weckte. Sie suchte seine Gesellschaft mit kameradschaftlicher Offenheit und zeigte ihm ihr Interesse ohne verführerische Scheu. Es fand sich nichts von weiblicher Koketterie dem Mann gegenüber in ihr. Weder bewußt noch unbewußt wandte sie sich an seine niedrigeren Instinkte. Sie war gegen ihn, als hätte er keine solchen, und das zeigte am besten, wie hoch sie ihn schätzte.

Er wollte nichts lieber, als ihrer hohen Meinung entsprechen. Aber tat er es auch? Und war sein Wunsch, es zu tun, auch nur berechtigt? Konnte neben dem Verlangen, Gott zu besitzen, wohl auch der Wunsch entstehen, ein Weib zu besitzen? Drohte der neue Wunsch nicht stärker zu werden als das Gottesverlangen?

Das Weib war in sein Leben getreten, und seine Klarheit wandelte sich in Verwirrung.

Wenn sie nur ein leibliches Verlangen nach ihm gehabt hätte, hätte er sich leichter zurechtfinden können; aber das, was sich jetzt in Helwig Furuclou regte, begehrte sein ganzes Wesen, Geist, Seele und Leib.

Als er versuchte, gegen das Neue zu kämpfen, war ihm, als hiebe er mit seinem Schwert in die Luft und als gewährte seine geistige Rüstung ihm keinen Schutz. Durch alle Fugen seiner Rüstung, sogar mit der Luft, die er einatmete, drang ihr Wesen in ihn, und weder konnte, noch wollte er sich dagegen wehren.

Freilich suchte sie ihn nur als geistlichen Berater und Freund, und er bemühte sich ehrlich, ihr das und nur das zu sein. Aber der Wunsch, ihr mehr zu werden, wuchs mit Sturmesmacht bei dem vertraulichen Beisammensein während der langen Wanderungen zu zweien durch einsame Wälder, nur unterbrochen durch gemeinschaftliche Erlebnisse bei den Leuten in den Katen.

Ihre zunehmende Herrschaft über ihn beunruhigte ihn. War sie in der Kirche, so konnte er nicht anders, als bei allem, was er sagte, an sie zu denken; saß sie in der Kate, so sah er nur sie und richtete alles an sie, selbst wenn er mit anderen sprach und andere behandelte. War sie aber nicht dabei, so fühlte er sich leer, geistesarm und machtlos. Bedeutete das, daß der Geist ihn um ihres Geistes willen floh?

Bei der Frage überlief es ihn kalt. Näherte er sich dem Abgrund der Sünde gegen den heiligen Geist?

Flucht war unmöglich und der Kampf war vergeblich. Was sollte er tun?

Die Unruhe nahm zu, der Kampf wurde härter. Es fiel ihm schwer, nachts zu schlafen. Immer heißer und unruhiger warf er sich im Bett umher, bis er endlich aufstand und sich anzog, um wenigstens einigermaßen zur Ruhe zu kommen.

In solch einer schlaflosen Nacht ging er in seine Studierstube. Eine Flut weißen Mondlichts strömte durch das Fenster, und als er hinausblickte, konnte er jeden Zweig an den Sträuchern des Gartens unterscheiden, die vom Frost und vom Mondschein versilbert waren.

Er setzte sich an den Schreibtisch, stützte die Ellbogen auf die Platte und das Kinn in die Hände und starrte vor sich hin. Wie hatte nur eine so große Umwandlung in sein Leben kommen können!

Wortlos blickte er in stummer Angst zu seinem Gott auf.

Da wurde ihm plötzlich klar, wie einfach und natürlich das war, was so furchtbar schien. Was ihn erfüllte, war keine Sünde wider den heiligen Geist. Es war nur natürliche Liebe. Er liebte Helwig Furuclou. – –

Im ersten Augenblick empfand er die Entdeckung wie eine große Befreiung. Es ist keine Sünde, wenn ein Mann eine Frau in Zucht und Ehren liebt. Gott konnte ihm deshalb nicht zürnen.

Er beugte seinen Kopf und bekannte Gott seine Liebe zu Helwig und bat ihn, sie zu heiligen.

Das Mondlicht fiel weiß und glänzend auf seinen Scheitel, wie ein Sinnbild des Friedens, der ihn durchströmte.

Und er fühlte den Frieden, aber auch, daß er ihm als eine Kraft für den bevorstehenden Kampf geschenkt wurde.

Die Entdeckung, die er gemacht hatte, war der Anfang einer dauernden Entwicklung.

Die irdische Liebe, die er vor seinem Gott bekannte, war keine Sünde, sie konnte ihm aber zur Sünde werden. Es kam nur darauf an, wie er sich dazu verhielt.

War Helwig Furuclou die ihm von Gott auserwählte Frau, oder war sie es nicht?

Wenn sie es war, dann würde das lodernde Feuer, das sein Wesen erfüllte und ihn fürchten ließ, daß es durch seine Glut den Geist Gottes verzehren könne, in die rechte Richtung geleitet, dem Geist untergeordnet und eine nützliche Kraft werden. War sie es aber nicht, dann war sie die gefährlichste Versuchung, die ihm je begegnet war, und dann würde er gezwungen sein, verstümmelt durchs Leben zu gehen, denn das Losreißen von ihr müßte ihn Hand und Auge kosten!

28.

So begann denn Ols, Gott zu bitten, daß er ihm seinen Willen kund tun möchte. Und nun wartete er auf eine Zeichen.

Da fiel ihm das Wort Gottes ein, daß man nicht wie Rosse und Maultiere sein soll, die nicht verständig sind, welchen man Zaum und Gebiß muß ins Maul legen. Nun glaubte er Gottes Schweigen zu verstehen. Er sollte seinen Verstand brauchen und nicht Zaum und Gebiß begehren, als wäre er ein Zugtier ohne Verstand. Was war denn das Zeichen, auf das er wartete, anders als Zaum und Gebiß?

Also fing er an, seinen Verstand zu brauchen. Der war ihm ja von Gott gegeben und durch Gottes Gnade erleuchtet! Mußte er sich dann fürchten, ihn zu brauchen?

Er prüfte seine Lage. Die Ungewißheit zehrte an ihm und ließ ihn machtlos an den Betten seiner Kranken und zerstreut vor den Bedürfnissen der Traurigen stehen. Seine eigenen Angelegenheiten nahmen ihn in Anspruch. Er mußte sie endlich in der einen oder anderen Richtung ordnen, damit er wieder frei für sein Amt unter den Leidtragenden wurde!

Er sah einen geraden und einfachen Weg zur Entscheidung, und der war, Helwig zu fragen, ob sie seine Frau werden wolle, und dann Gottes Antwort in der ihren zu sehen. Bei der Eigenart seines Charakters erschien ihm dieser Weg als der beste.

Aber ehe er ihn betrat, mußte er sich klar sein, ob er ihr die Entscheidung wirklich anheimstellen sollte. Sie brauchte nur zu wissen, ob sie seine Frau werden wollte oder nicht; aber nicht, ob ihre Verbindung Gottes Wille sei.

Konnte sie das sein?

„Traget das Joch nicht zusammen mit den Ungläubigen."

War sie ungläubig? Hatte sie nicht nach dem Weg zum Leben gefragt? Hörte sie nicht gern zu, wenn er von Gott sprach? Hatte sie nicht mit innigem Verlangen gesagt, daß er sie zu einem ganzen Menschen machen könne?

Was sie damit meinte, war ihr vielleicht selbst nicht ganz klar gewesen, er konnte es aber nur auf eine Art verstehen. Er hatte sie auf die Liebe Gottes in Jesus Christus hingewiesen, und sie hatte seine Antwort mit dankbarem Schweigen aufgenommen, das wie eine Zustimmung gewirkt hatte.

Wie konnte er ihr helfen, ein ganzer Mensch zu werden, wenn sie sich trennten? Bei einem täglichen Beisammensein dagegen würde sie seinem Einfluß nicht widerstehen können, sondern würde ihm folgen. Und das mußte doch zu ihrem ewigen Heil werden, da er, wie er wußte, auf dem Weg des Lebens wandelte.

War es nicht geradezu seine köstliche Pflicht, sich ihrer ganz anzunehmen? Wenn sie nur zustimmte!

Ob sie das wollte?

Über die Frage brauchte er nicht zu grübeln.

Hierin konnte er nichts bestimmen, das mußte sie allein entscheiden. Er mußte sich nur klar darüber sein, ob er sie überhaupt fragen sollte oder nicht, denn er mußte zunächst wissen, ob Gott ihm erlaubte, alle Folgen ihres Jawortes auf sich zu nehmen.

Und er glaubte, es zu dürfen. Mochte sie auch in ihrem Wesen weltlich sein, so war der Geist in seinem Innern doch stärker als die Welt und würde sie von der Welt zu Gott ziehen. Sah er doch, wie Gottes Geist schon angefangen hatte, zu wirken. Und es würde nicht anders werden, wenn sie erst seine Frau war. Im Gegenteil, sie würde immer mehr umgewandelt werden.

Wenn sie jetzt seinen Sinn zerstreute und seine Geisteskraft lähmte, so war die Ungewißheit daran schuld. Wenn er die Gewißheit bekäme, daß sie sein eigen werden sollte, so würde sein Gemüt wieder fest und gesammelt werden.

Er würde schon dafür sorgen, daß sie ihm kein Hindernis würde, wie sie es zum Beispiel betreffs Jonas und Mons gewesen war. Er würde mit ihr darüber sprechen, und sie mußte einsehen, daß sie ihm nie ein Hindernis werden dürfe, weder in seinem Amt, noch in der Liebe. Verstand sie ihn nicht, dann stand die Sache freilich anders. Dann mußte er sich ein Auge ausreißen.

Soviel glaubte er aber jetzt zu wissen, daß er sie fragen mußte. Der nächste Schritt hing von ihrer Antwort ab. Und mehr als den einen Schritt brauchte er ja vorläufig nicht zu tun, das andere ging ihn noch nichts an. Zunächst wollte er überhaupt erst einmal anfangen, und das mit Gott.

29.

Ols Erik ging neben Helwig. Bei einigen Krankenbesuchen hatte sie ihn begleitet, und jetzt waren sie auf dem Heimweg. Trotz des Sonnenscheins war es kühl. Sie hatte ein leichtes Jäckchen an und ging mit den Händen in den Taschen, die ländliche Freiheit genießend.

Er dachte an seine Frage und versuchte, sie auf irgendeine Weise so zu gestalten, daß sie für das feine kleine Ohr paßte, das halb unter dem aufgesteckten Haar verborgen war. Sein Herz klopfte heftig. Daß es so schwer war, die Frage zu stellen! Wenn sie sie wenigstens erwartete! Aber sie sah nicht aus, als dächte sie daran. – In dem einfachen Jäckchen, mit den Händen in den Taschen und dem sorglosen Gesichtsausdruck sah sie so knabenhaft aus! –

Sie schwieg heute! Hatte das etwas zu bedeuten? Dachte sie vielleicht daran, daß es der Mutter jetzt so viel besser ging, daß die Abreise nächstens bestimmt werden konnte? Freute sie sich so darüber, oder stimmte es sie traurig? Er erinnerte sich ihres lebhaften Gefühlsausbruchs an jenem Abend auf der Brücke, als sie sagte, die Wurzel ihres Wesens habe sich hier in die Erde gesenkt! Die Erinnerung machte ihm Mut, und auch die Erinnerung an manches andere, das sie ihm noch gesagt hatte.

„Fräulein Helwig, Sie sagten einmal, Sie glaubten, ich könne Sie zu einem ganzen Menschen machen. Und das klang, als wünschten Sie, daß ich es versuchen möchte. Wollen Sie es mir erlauben?"

Er war ganz blaß geworden, als er das sagte, und er wurde noch blässer, als er ihrem erstaunten Blick begegnete.

Seine so stark bekämpfte Gemütsbewegung erschreckte sie. Aber sie nahm sich zusammen.

„Wie das?" fragte sie kurz.

„Werden Sie meine Frau."

Niemals hatte sie sich eine Werbung so gedacht! Aber seine Art machte sie nicht irre. Er konnte nicht anders, als solch ein schroffer Freier sein. Und sie konnte sich ihn, trotz seines großen, warmen Herzens, auch nicht als schmachtenden Anbeter vorstellen. Seine Blässe sagte ihr alles, was er ungesagt ließ. Eine mütterliche Zärtlichkeit ergriff sie.

„Warum wollen Sie mich zur Frau haben?" fragte sie, indem sie sich zu derselben einfachen Offenheit erhob wie er.

„Es ist der einzige Ausweg."

„Woraus?"

Er sah sie hilflos an.

„Verstehen Sie denn nicht? Ich komme nicht zur Ruhe. Ich muß Klarheit haben. Entweder müssen Sie meine Frau werden oder ich muß mir das Auge ausreißen und die Hand abhacken und verstümmelt ins Leben eingehen."

Es lag etwas Forderndes, etwas Andringendes in den Worten, aber Helwig wußte auch, daß er ihr Sicherheit und Treue bot. Er hatte seine Werbung mit dem Versprechen angefangen, sie zu einem ganzen Menschen zu machen, und sie fühlte, daß sie das werden würde, wenn sie den Sprung wagte und sich in die Arme warf, die er ausstreckte. Aber der ganze Mensch, der sie dort werden würde, würde nicht sie selbst sein, sondern Ols Erik Larsson. So überwältigend stark war er. Niemals hatte sie seine Kraft so mächtig gefühlt, als in dem Augenblick, da er vor ihr stand mit seiner bangen Frage, die doch in der Tat mehr einer Forderung als einer Bitte glich.

Wieder öffnete sich ihr, wie schon früher einmal, aber jetzt noch weit mehr, die strahlende Tiefe seines Wesens, aber jetzt sah sie nicht nur das

Licht, sondern fühlte auch die Glut, die daraus aufstieg. Tausend Verlockungen, sich hineinzustürzen, regten sich. Aber ihr Selbsterhaltungstrieb gab ihr ein, sich einige Schritte vor der Glut zurückzuziehen und sich die Augen zu verhüllen, um nicht geblendet zu werden.

„Wir sind so verschieden," wandte sie schwach ein.

„Als Mann und Frau werden wir eins."

Es half nicht, daß sie sich zurückziehen wollte, sein Ernst ergriff sie. Sie zitterte vor Schreck und Entzücken, und fühlte seine Übermacht.

Dann blickte sie weit über die Wälder hin. Immer hier bleiben, immer hier leben? Als Frau dieses Mannes? Würde sie das aushalten können? Die ganze übrige Welt, der sie bisher gehört hatte, war in dem verhängnisvollen Augenblick so weit entfernt, und man fühlte ihre Verlockungen nicht in der beherrschenden Nähe des schroffen Freiers. Aber würde sie sich nicht allmählich wieder geltend machen? Die Welt blieb doch bestehen, und sie gehörte ihr an.

„Ich möchte wissen, ob Sie eine Ahnung haben, was ich alles verlassen müßte," sagte sie zweifelnd.

„Hier würden Sie Ersatz dafür finden."

Es lag ihr auf der Zunge, ihn zu fragen, worin der Ersatz bestehen sollte, aber sie hielt die Frage zurück.

„Sie müssen mir Zeit lassen," sagte sie. „Wenn ich mich jetzt entschiede, könnte es leicht übereilt sein."

Bei der unbestimmten Antwort empfand er eine bedrückende Angst. Er hatte gleich auf eine entscheidende Antwort gehofft, damit die lähmende Ungewißheit aufhörte. Aber nun sollte es so weitergehen! Lange konnte er das sicher nicht aushalten. Aber es war doch nur recht, daß sie Bedenkzeit haben wollte!

„Wie lange wollen Sie Bedenkzeit haben?"

„Warten Sie, bis ich wieder nach Stockholm gekommen und einige Zeit dort gewesen bin. Kommen Sie dann und holen sich Antwort."

Er holte tief Atem. So lange Zeit! Er hatte sich gedacht, daß sie vielleicht ein paar Tage verlangen würde, und nun wünschte sie die übrige Zeit hier und außerdem noch eine unbestimmte Zeit in Stockholm, wo er sie wieder mitten in ihrem weltlichen Leben mit all seinen Versuchungen wissen würde! Und dann sollte er kommen und sich ihre Antwort holen, die vielleicht ein Nein sein würde! Das waren harte Bedingungen, und sie erregten ihn sehr.

„Warum sagen Sie nicht gleich nein?"

Es lag keine Bitterkeit in seiner Stimme, aber er sah in seiner Erregung finster aus. Ihr Zaudern begriff er einfach nicht. Entweder wollte sie, oder sie wollte nicht! Warum konnte sie jetzt nicht antworten, wenn sie nicht wollte? Und wenn sie wollte, warum dann zögern?

Sie sah ihn an. Seine schmalen, geraden Lippen waren fest geschlossen wie in verhaltenem Schmerz, und zwischen den rostfarbigen Augenbrauen bildete sich eine Falte.

In seiner Werbung hatte er kein Wort von Liebe geäußert. Er hatte auch sie nicht danach gefragt, noch etwas Derartiges von ihr erwartet, und doch – –! Was war das strahlende Licht und das heiße Feuer seines Wesens anders als Liebe, und was hatte er anders als Liebe bei ihr vorausgesetzt, als er von ihr verlangte, daß sie alles verlassen sollte, um zu ihm zu kommen? Sollte sie nun zuerst von Liebe sprechen? Sollte sie ihm offen sagen, warum sie nicht nein antworten konnte? Sie war nicht blind gegen die Gefahr, seine Leidenschaft zu entfesseln. Noch war er sich ihrer kaum bewußt oder hielt sie doch straff im Zügel.

„Ich kann nicht nein sagen, weil –" begann sie langsam, hielt inne, zögerte vor dem Schicksalssprung, wagte ihn aber dann und fügte hinzu: „Weil ich Sie lieb habe."

Sein Gesicht, das eben noch sehr bleich war, färbte sich langsam rot, und sein Atem ging schnell.

Sie wartete, halb in Angst, halb mit dem Verlangen, daß er sie stürmisch in seine Arme reißen würde, aber er stand unbeweglich und machte keinen Versuch, sie anzurühren.

Das bewegte sie, und sie wunderte sich über ihn. Da die Entdeckung ihrer Liebe ihn so erregte, konnte er sie nicht vorausgesetzt haben. Wenn dem aber so war, warum hatte er dann um sie geworben? Hatte er es getan, um in ihrem Nein Rettung vor seiner eigenen Liebe zu finden?

Endlich konnte er sprechen.

„Warum antworten Sie nicht ja, wenn Sie mich liebhaben?"

Sein Gefühlsleben war stark und einfach wie sein männlicher Charakter. Es war ihm nicht möglich, ihre verwickelten Gefühle zu fassen. Sie verzweifelte daran, es ihm begreiflich zu machen.

„Es steht doch in der Bibel, daß man die Kosten berechnen soll," sagte sie. „Und das will ich tun, ehe ich mich entschließe, damit ich weiß, daß ich es nachher nicht bereue. Ich will zu meiner früheren Welt zurückkehren und sie mit euch, mit dir und mit allem hier oben vergleichen, ehe ich mich entschließe, wem ich angehören soll."

In Gedanken sah er sie wieder in der Welt, in der sie bisher zu Hause gewesen war. Er empfand einen brennenden Schmerz, als er sich vorstellte, wie sie dort alles vergleichen und abwägen würde. Sie behauptete, daß sie ihn liebte, und doch hinderte sie allerhand glänzender Krimskrams daran, ihm gänzlich anzugehören. Begriff sie denn nicht, was es ihm galt?

„Spielen Sie nicht mit mir!"

Das klang hart, aber sie hörte, wie die Angst den schroffen Ton durchzitterte.

„Ich spiele nicht, ich nehme dich in vollem Ernst, und gerade darum bitte ich um Bedenkzeit. Sei mir nicht böse! Verliere die Geduld nicht!"

Sie näherte sich ihm. Hätte er ihr verwickeltes Gefühlsleben verstanden, so hätte er sie in seine Arme genommen, aber er war zu einfach angelegt.

Nicht im entferntesten dachte er daran, daß sie das wünschen könnte, wo sie doch noch gar nicht klar darüber war, ob sie seine Frau werden wollte oder nicht.

„Geduld!" sagte er mit bitterem Lächeln. „In gewissen Fällen besitze ich nicht viel davon. Ich muß mich wohl darin üben. Ich will es versuchen!"

„Schenke mir die Tage, die ich noch hier oben verbringe!" bat sie tapfer. „Wir wollen – – einander sehr nahe sein – –, du zueinander sagen – – und"

Er hatte sie nie so weich und sanft gesehen. Sie rang sozusagen mit ihm und brachte ihn wohin sie ihn haben wollte. Während einer abgemessenen Zeit begehrte sie herzliche Kameradschaft, erfüllt von dem ganzen Reichtum zweier Seelen, ein Beisammensein in einem goldenen Jetzt, ohne störende Sorge vor den Prüfungen kommender Tage. Und er ging auf alles ein. Was konnte er auch anders tun? Den einzigen Schritt, den er klar vor sich sah, hatte er getan und ihn vorher Gott befohlen. Nun war er nicht da, wohin er gern gekommen wäre, sondern in einem verwirrenden Zauberhain, wo unsichtbare Vögel neue Lieder in den Bäumen sangen. Er wußte nicht, wie er aus dem Hain hinauskommen sollte, oder was für einen heißen Wüstenweg er danach beschreiten müßte. Vorläufig zwang es ihn, zu bleiben, wo er war, wenn ihm auch alles fremd war. Aber Gott mußte ja mit ihm sein, Gott, der überall ist. Der Gedanke erhielt ihm den Mut.

30.

„Aber Helwig, ist das möglich?"

Die Baronin konnte ihre Tochter nur mit großen Augen ansehen. Die saß neben ihr auf dem Sofa in ihrer vornehm nachlässigen, anmutigen Haltung.

„Ja, Mutterchen, das magst du wohl fragen! Ich finde es selbst ganz eigentümlich. Aber doch – –"

Die Baronin hatte sich soweit erholt, daß sie außer Bett sein konnte. Die Heimreise stand nahe bevor, wenn der Tag auch noch nicht bestimmt war. Und nun hatte Helwig die Mutter mit der Mitteilung von Ols Eriks Werbung und ihrer entgegenkommenden, wenngleich unbestimmten Antwort überrascht.

„Ich hätte nie gedacht, daß er sich an dich wagen würde.“

„Bin ich denn so furchtbar?“

„Er ist gewiß ein ausgezeichneter Mensch und der rechte an seinem Platz; aber ihr beide, du und er, gehört doch verschiedenen Welten an. Sein Vater war Bauer, und man sieht auch ihm an, daß der Bauer in ihm steckt. Und du mit deinen Ahnen, deiner Bildung und deiner Feinheit, wie könntest du zu ihm passen? Mit all seinen vortrefflichen Eigenschaften ist er doch grob geschnitzt. Ich begreife nicht, was du dir denkst, daß du ihn nicht gleich abgewiesen hast.“

„Ich denke gar nicht. Ich fühle nur.“

„Wie würde es dir hier oben gehen? Eine Zeitlang möchte es gut gehen, aber für immer! Hast du das bedacht?“

„Nein.“

„Und wie würdest du dich zur Pastorsfrau eignen?“

„Durchaus nicht.“

„Du würdest dich hier zu Tode grämen.“

„Sehr möglich.“

„Und dann Ols Larsson zu heißen!“

„Das will ich nicht. Und das werde ich ihm sagen. Vielleicht wechselt er mir zuliebe den Namen. Daran könnte ich seine Liebe erproben.“

„Das Ganze ist nur eine deiner Launen.“

„Das glaube ich nicht.“

„Was macht dich denn so vernünftig, daß du wenigstens zögerst?“

„Vermutlich die Vernunft. Es ist mir wohl nicht geglückt, die ganz zu verlieren.“

Die Baronin wunderte sich flüchtig über den Ton, in dem sie das sagte, aber sie war zu sehr mit der unerhörten Neuigkeit beschäftigt, um sich bei dem Ton aufzuhalten.

„Und die alte Mutter Ols als Schwiegermutter!"

„Ich könnte eine schlechtere bekommen."

„Müssen wir uns duzen?"

Helwig lachte laut.

„Natürlich. Bist du zu stolz dazu? Du hast sie doch sehr gern, Mutter."

„Ja, gewiß, aber das ist etwas ganz anderes. Und Mons! Gedenkst du die Pflegemutter des kleinen Kerls, den du verabscheust, zu werden?"

„Auch an Mons gedenke ich seine Liebe auf die Probe zu stellen. Er muß zwischen mir und Mons wählen. Aber noch nicht. Nichts soll die Tage, die ich noch hier oben verbringe, stören."

Wieder wunderte sich die Baronin über Helwigs Ton und über den leuchtenden Ausdruck ihrer Augen. Sie kannte ihre Tochter nicht wieder. Es war etwas Neues über Helwig gekommen.

„Was veranlaßt dich überhaupt, an Pastor Larsson zu denken?"

„Vermutlich die Liebe!"

„Bist du denn in ihn verliebt?"

Helwig errötete, obgleich sie die ganze Zeit ihr leichtes, spöttisches Lächeln beibehielt.

„Daran ist gar nicht zu zweifeln. Wäre ich nicht der nüchterne Verstandesmensch und das hochnäsige, läppische Mädel, das ich im Grunde bin, so würde ich keinen Augenblick zögern, mich in seine Arme zu werfen. Aber um nichts übereiltes zu tun, was wir beide unser Leben lang bereuen würden, halte ich an dem Entschluß fest, ungebunden nach Hause zu fahren, dort eine Zeitlang zu bleiben und ihn am liebsten auch in meinem Kreis zu sehen, ehe ich den entscheidenden Entschluß fasse."

„Was sagt er denn dazu, daß es so ungewiß bleiben soll?"

„Es gefällt ihm nicht, aber er muß sich hineinfinden."

Die Baronin sah ihre Tochter die ganze Zeit an, als suchte sie vergebens hinter die ihres Erachtens unnatürliche Liebe zu kommen, die in Helwig gefahren war.

„Und du hattest doch so vorteilhafte Anträge! Hast du früher nein gesagt, um nun hier hereinzufallen?"

„Dies ist kein Antrag, es ist ein Raub."

„Welch ein starker Ausdruck für eine Werbung!"

„Und doch ist er nicht zu stark. Es ist ein Raub. Wenn ich ihm jetzt seinen Willen lasse, so will das heißen, daß ich dann ganz und gar in ihm aufgehen muß. Es würde keine Silbe von Helwig Furuclou übrig bleiben, sondern nur Frau Ols Erik Larsson. Und doch werde ich vielleicht schließlich nein sagen müssen. Wenn nicht meinetwegen, so doch seinetwegen."

„Seinetwegen?"

„Ja. Glaubst du denn, Mutterchen, daß ich ihm gewachsen bin? Weit davon entfernt! Ich bin ein Zwerg neben einem Riesen, wenn wir alle äußeren Vorzüge beiseite setzen und nur unseren nackten Menschenwert vergleichen. Ich zaudere hauptsächlich deswegen. Wenigstens will ich das glauben. Das ist immerhin etwas edler, als nur aus selbstsüchtigen Gründen zu zögern."

31.

Die goldenen Tage vergingen nur allzuschnell, aber Ols Erik und Helwig nutzten sie aufs beste aus. Soviel wie möglich waren sie beisammen. Sie begleitete ihn jetzt immer, wenn er zu seinen Kranken ging.

Bei dem Beisammensein hatten sie verschiedene Ziele im Auge. Ihr Ziel war, jeden Augenblick so ungestört und so gründlich wie möglich zu genießen. Sein Ziel dagegen war, die Zeit ihrer weichen Fügsamkeit auszunutzen, um sie auf dem beschrittenen Weg weiterzuführen. Er setze voraus, daß sie ihn schon eingeschlagen habe. Das verrieten ihm hin und wieder ihre suchenden Fragen, und ihr Interesse an den eingehenden geistlichen Gesprächen, die sie noch während ihres Aufenthalts in Skalunga hatten.

Eines Tages kam er mit Helwig zu einem Schwerkranken. Hier konnte er als Arzt nichts tun. Aber der Kranke wünschte das Abendmahl zu nehmen.

Wie immer hatte Ols das Abendmahlsgerät mitgebracht.

Das Stübchen wurde zur Feier zurechtgemacht. Die Mutter räumte allerlei fort, was umherlag, und stellte Stühle im Kreis um des Kranken Bett; denn wenn Ols einem Kranken das Abendmahl reichte, lud er immer die erwachsenen Mitglieder der Familie ein, an der Feier teilzunehmen. Er sagte ihnen, daß das Abendmahl eine Kraftquelle sei, die sie nicht entbehren könnten, wenn sie ein gesundes geistiges Leben führen wollten. Gesunde brauchten es ebensowohl wie Kranke und Sterbende, pflegte er zu sagen.

Als man sich jetzt zur Abendmahlsfeier hinsetzte, hielt Helwig sich zweifelnd zurück. Aber Ols sah sich nach ihr um. Es lag eine milde Frage und Ermunterung in seinem Blick. Da konnte sie nicht widerstehen, sie trat vor und setzte sich zu den anderen. Sie war ja ganz sein während dieser besonderen, köstlichen und nur allzu kurzen Zeit. Sie wollte zwischen seinen einfachen Gemeindemitgliedern knien und das Sakrament mit ihnen aus seiner Hand empfangen.

So dachte sie, als sie sich in den kleinen Kreis setzte. Aber als er die Einsetzungsworte sprach, von der Kraft des Blutes und von der Vergebung der Sünden, ahnte sie die Heiligkeit des Sakramentes und fühlte sich unwürdig.

Die Hand, die ihr das Brot reichte und den Kelch an ihre Lippen hielt, war ihr mehr als das, was sie ihr bot. Sie wußte, daß es nicht so sein sollte. Hätte sie nicht das Aufsehen gefürchtet, und geglaubt, die Andacht der anderen zu stören, dann wäre sie wieder aus dem Kreis getreten und hätte sich fern gehalten. Aber sie blieb sitzen und empfing das Sakrament.

Als sie später das Haus verließen und sich allein im Wald befanden, rief sie aus:

„Warum wolltest du, daß ich das Abendmahl nähme?"

„Bereust du es?"

„Ich tat es nur um deinetwillen, und das war nicht recht!"

„Um meinetwillen?"

„Ja, ich wollte es aus deiner Hand haben, ich wollte unter den Deinen sein. Du warst mir mehr als das ganze Sakrament," gestand sie beinahe trotzig.

Er schwieg kummervoll. Ein solches Bekenntnis beunruhigte ihn, doch zugleich schien ihm ihre Ehrlichkeit etwas Gutes zu sein. War sie nicht mit Herz und Seele auf dem Weg, den er sie fuhren wollte? Oder war es keine Wiedergeburt, sondern nur Eigennutz? Dann baute er alles, was er in ihr zu errichten suchte, auf falschem Grund.

„Ich sah keinen Grund, warum du dich fernhalten solltest; ich lud dich ein wie die anderen," sagte er, wie entschuldigend.

„War es Sünde, daß ich mitging, obgleich ich nur an dich dachte?" fragte sie.

„Ich fürchte es," sagte er ehrlich. „Aber die Vergebung im Abendmahl ist so groß, daß sie gewiß auch für ein geteiltes Herz genügt."

„Mein Herz ist nicht geteilt, es gehört dir ganz. So ganz, daß, wenn ich Gott erreichen soll, es durch dich geschehen muß."

„Und doch zögerst du, mir dein Jawort zu geben?"

„Willst du mir damit beweisen, daß mein Herz nicht ganz dein ist? Das ist es aber doch. Und wenn meine Antwort zum Schluß ein Nein wird, so wäre es gerade darum, weil ich dich ganz liebe."

„Das verstehe ich nicht."

„Nein; denn was die Liebe betrifft, bist du ein großes Kind. Du nimmst sie einfach und groß, und hast keine Ahnung von all den Verwicklungen, die sie verursachen kann."

„Keine Ahnung, meinst du?"

Sie sah ihn verwundert an.

„Oder etwa doch?" fragte sie.

Da erzählte er ihr, wie er um ein Zeichen gebetet habe, um Gottes Willen zu erfahren, und wie er, als ihm kein Zeichen gegeben wurde, seinen Verstand brauchte, und dann zu dem Entschluß kam, sie zu fragen und in ihrer Antwort Gottes Willen zu sehen.

„Da deine Antwort aber unbestimmt war, so tappe ich noch im Dunkeln über das, was Gottes Wille ist."

„Fragst du denn nur nach dem und nicht nach deinem eigenen?"

„Mein eigener Wille ist, dich zur Frau zu nehmen. Aber ich will nicht danach handeln, wenn es Gottes Willen entgegen ist."

Noch nie hatte sie so klar gesehen, wie stark seine Liebe zu ihr war. Sie war sogar stärker als er selbst, denn, wie sie jetzt ahnte, hatte er dagegen gekämpft und war überwunden worden. Er hatte sich nicht dabei beruhigt, auf ein Zeichen zu warten, sondern hatte den Verstand zu Rate gezogen, um die Erlaubnis zur Werbung zu erlangen. Diese Findigkeit, die ihm selbst unbewußt war, rührte sie.

Trotz der nüchternen, verstandesmäßigen Art, mit der sie sein Verfahren beurteilte, kam sie zu einem fast abergläubischen Glauben, daß sich ihre Angelegenheit auf übernatürliche Weise entwickeln würde. Hatte er doch sogar in seinem Körper geheimnisvolle Kräfte, zum Beispiel seinen Magnetismus und seine ungewöhnliche Macht über die Menschen, und geistig stand er in Verbindung mit der unsichtbaren Welt. Jetzt erwartete er Gottes Antwort durch sie. Und sie glaubte, daß sie ihm die auch geben würde, vielleicht gegen ihren eigenen Willen, wenn sein Gott nicht wollte, daß sie die Frau seines Dieners würde.

32

Als der Nachtnebel sich endlich vor der späten Morgensonne des Novembertages zerstreute, stand ganz Skalunga vom Reif versilbert da. Die Luft war still, und der Reif lag dick wie Schnee auf jedem Ast und Zweig, auf jeder Fichtennadel wie auf jedem Dach und Feld.

Helwig schlug ihr Fenster auf und war hingerissen von der Schönheit, während sie mit tiefen Zügen die herrliche frische Luft einatmete und ihre Seele der unbeschreiblichen Reinheit öffnete.

Daß ihr letzter Morgen in Skalunga so war! Schmückte Skalunga sich wie zu einer Brautfeier, damit es noch schwerer wurde, sich von hier loszureißen? dachte sie.

Während der letzten Wochen (der sonderlichen Zeit, wie sie sie nannte) hatte sie sich in der Kunst geübt, nur gerade für den Augenblick zu leben. Das kam ihr jetzt am Abschiedstag zustatten. Dadurch wurde es ihr möglich, vor dem Aufbruch mit wenig Trost auszukommen.

Sie brauchte sich nicht am selben Tag von Skalunga und von dessen Pastor zu trennen. Er sollte nämlich die Mutter und sie an die Eisenbahnstation bringen, wo sie übernachten mußten, um den Zug am folgenden Morgen benutzen zu können. Er sollte auch die Nacht da bleiben und ihnen dann in den Zug helfen. Daher konnte sie sich beim Abschied von Skalunga noch auf eine lange Fahrt mit Ols Erik Larsson freuen, auf einen ganzen Abend und einen Morgen.

Helwig weinte nicht leicht, also blieben ihre Augen trocken, obgleich sich in ihrem Innern ein starker, dumpfer Schmerz fühlbar machte; waren es doch die letzten Stunden ihres Aufenthalts in dem Heim, wo ihr Herz Wurzel geschlagen hatte!

Die Baronin dagegen weinte. Unter Tränen sah sie sich zum letztenmal in dem gemütlichen Zimmer um, das sie jetzt verlassen sollte. Hier hatte sie schwere Schmerzen erduldet und bange Stunden verbracht, aber die Freude der Genesung war doch noch größer gewesen. Nun überwältigte sie die Erinnerung an die vielen Augenblicke größter Gemütlichkeit, die die letzten Monate erfüllt hatte.

Weinend umarmte sie Mutter Ols, die die Umarmung verlegen, aber würdig und nicht ohne Herzlichkeit erwiderte. Sie hatten einander lieb, obgleich sie den gehörigen Abstand zwischeneinander wahrten; denn beide waren sie ja aus der alten Zeit und standen fest in ihren Standesvorurteilen.

Selbst von Mutter Karin, der ungebildeten, aber tüchtigen und zuverlässigen Nachtpflegerin, trennte sich die Baronin mit Wärme, wenngleich die Herzlichkeit nicht bis zur Umarmung und zu Tränen ging. Sie fand aber ihren Ausdruck in einer klingenden Gabe außer dem festgesetzten Lohn. Bei Mutter Ols konnte so etwas nicht in Frage kommen, aber Karin nahm es gut auf.

Helwig erinnerte sich ihrer Vereinbarung mit Ols Erik zu Anfang ihres Aufenthalts. Sie dachte an ihre absichtlich verletzende Haltung und an die Zurechtweisung, die er ihr in seiner ruhigen Art gab, als er vorschlug, sie möchte ihm und seiner Mutter bei der Abreise ein Trinkgeld geben. Damals hatte keins von ihnen geahnt, wie sich das Verhältnis zwischen ihnen bis zum Abschied gestalten würde.

Später am Tage schmolz die Sonne den Reif, sie sahen es während der Fahrt, aber zur Nacht senkte sich der frostige Nebel wieder auf die Erde, und am nächsten Morgen war wieder alles weiß. Aber an dem Morgen erwachte Helwig nicht in Skalunga. Hier beim Bahnhofsgasthaus wurde das Weiß bald schmutzig; nur wenn man den Blick zu den Höhen erhob, sah man es in strahlender Reinheit.

Nach einem Frühstück zu dritt im Speisesaal des Gasthauses, bei dem die Unterhaltung oft stockte und die Eßlust fehlte, kam der Abschied.

Ols war bis zuletzt voller Fürsorge, ohne aufdringlich zu sein. Stark wie er war, hob er die Baronin in den Wagen. Im Damenabteil suchte er ihr die geschützteste Ecke aus und hüllte sie in Decken und Kissen. Zuletzt legte er ihr ein Buch zur Unterhaltung auf der Reise in den Schoß. Es war ein Werk, von dem sie kürzlich gesprochen hatten. Er hatte es verschrieben, aber bis zur Abschiedsstunde aufgehoben.

Helwig gab er nichts, aber sein Blick und sein Händedruck beim Abschied sagten ihr, was er ihr früher in Worten gesagt hatte, daß er ihr eigen war, ihr eigen seit dem Tage, da sie sich entschloß, ihm ihr Herz zu öffnen.

Der Zug setzte sich in Bewegung, ein letzter Gruß, ein letzter Blick auf das Gesicht, das ihr in seiner großzügigen Häßlichkeit so lieb geworden war. Vom bleichen Novemberlicht erhellt und in beherrschter Rührung erstarrt, glich es noch mehr als an dem Tage, da sie es zum erstenmal erblickt hatte, einer unvollendeten, aber geistvollen Holzschnitzerei, und doch war seitdem etwas Neues hineingetreten, das früher nicht darin zu finden war. Helwig wußte, daß sie das verursacht hatte.

Fast unerträglich wurde ihr Seelenschmerz, und sie wünschte, weinen zu können.

Draußen auf der Plattform stand sie und lehnte sich über die Gittertür, solange sie noch eine Spur von der festen, untersetzten Gestalt sehen konnte.

Wann würde sie ihn wiedersehen?

Ende Januar sollte er nach Stockholm kommen, so hatten sie verabredet.

Mit unerklärlicher Beklemmung fragte sich Helwig, wie alles dann sein würde, was für Veränderungen mit ihm oder ihr vorgegangen sein würden. Fast fürchtete sie, daß sie einander nicht so wiederfinden würden, wie sie jetzt waren.

Ein Beisammensein, wie sie es jetzt gehabt hatten, würde sich nicht wiederholen können. Was würde statt dessen kommen? Würde sie ihm eine klare Antwort geben, und welche?

Immer schneller entfernte sich der Zug, und mit ihm wuchs der Abstand von Skalunga. Alles, was Helwig dort erlebt hatte, drängte sich noch einmal zusammen und erschien verklärt vor ihrem geistigen Auge.

Würde sie, wenn sie wieder zu Hause war in ihrer alten Welt, erwachen und wie auf einen Traum zurückschauen, der nun hinter ihr lag? Oder würde sie eine Leere spüren und daran erkennen, daß das, was sie in Skalunga erfahren hatte, ihr Wirklichkeit war und ihre Zukunft werden müßte?

Eine unsagbare Angst befiel sie, als sie an die verhängnisvolle Entscheidung dachte, die ihr bevorstand, und sie wünschte, es möchte irgend etwas geschehen, was einen Entschluß herbeiführte, dem sie sich nur zu fügen hätte. Ein solches Gefühl war eine Seltenheit bei ihr, die trotz ihrer oft qualvollen Unentschlossenheit so eigenwillig war. –

Die letzte Spur der schönen, jungen Gestalt war verschwunden. Ols hatte bemerkt, daß sie sich noch im Abschiedsaugenblick zusammennahm, und daß ein Zug der Selbstverspottung auf ihrem Gesicht lag. Was er selbst fühlen mochte, zeigte er niemand. Er dachte auch nicht mehr viel darüber nach. Ehe er die Rückfahrt antrat, hatte er noch viel zu besorgen. Und außerdem kamen alle die Leute, die von seiner Anwesenheit gehört hatten, um ihn über dies oder jenes zu befragen. So hatte er vollauf zu tun. Er widmete sich allen und ging mit der Vertrauen einflößenden und gewinnenden Art, die ihm eigen war, auf die Anliegen eines jeden ein. Wer eben mit ihm sprach, hatte den Eindruck, daß niemand und nichts anderes die Teilnahme des Pastors in Anspruch nahm. Hellte schien er sich sogar mehr als sonst allen zu widmen. Das kam daher, daß ihm alles angenehm war, was ihn den eben erlittenen Abschiedsschmerz ein wenig vergessen ließ. Aber trotzdem fühlte er dieselbe Beklemmung wie Helwig, und er hatte dasselbe Gefühl, daß all das Schöne, was gewesen war, nicht mehr wiederkommen könnte. Wie sich auch das Verhältnis zwischen ihnen in Zukunft gestalten mochte, so schön konnte es doch nicht wieder werden, wie es in der „sonderlichen Zeit" gewesen war! Die hatte etwas Paradiesisches gehabt.

33

Helwig befand sich in Stockholm wieder in ihrem alten, wohlbekannten, abwechslungsreichen Leben. Sie war wieder von ihrem und ihrer Mutter feinem Verkehrskreis und von ihren Kameradinnen in Anspruch genommen. Die beiden Kreise gehörten nicht zusammen; aber vielseitig, wie Helwig war, paßte sie in beide. Sie genoß das Wiedersehen, fühlte sich wieder in ihrem Element und nahm ihre frühere Lebensweise, den Umgang mit Freunden verschiedener Art und ihre Malerei mit Eifer auf.

Dort oben hatte sie auf eigene Faust gemalt, jetzt mußte sie wieder unter Anleitung arbeiten und hörte mit großer Befriedigung, daß der Lehrer sich über ihre Fortschritte wunderte. Er behauptete, sie habe sich zu einer wirklich künstlerischen Persönlichkeit entwickelt. Bei dem Lob trat ein geheimnisvolles Leuchten in Helwigs Augen. Sie wußte wohl, was ihre Individualität herausgearbeitet hatte, doch klärte sie weder den Lehrer darüber auf, noch sagte sie ihren Kameradinnen etwas.

Ach, die Freundinnen, wie heimisch sie sich unter ihnen fühlte, wie lustig sie es mit ihnen hatte, wie sie zusammen die Anregungen der Kameradschaft genossen! Wohl hatte sie sie dort oben in Skalunga nicht eigentlich vermißt, denn sie waren doch noch da gewesen, und sie hatte gewußt, daß sie wieder unter ihnen sein würde. Wenn sie nun aber wieder nach Skalunga zurückkehrte, um da zu bleiben, dann würde das auf immer ein Ende des anregenden Verkehrs und der angenehmen Arbeit bedeuten, die ihre Tage jetzt aufs beste ausfüllten.

Und alles andere, das ihr hier zu Gebote stand! Nicht zum wenigsten die Musik, die Oper mit ihrer glänzenden Welt der Phantasie, deren Töne sie so völlig mitrissen, daß sie sogar auf Augenblicke den höhnischen Selbstbeobachter in sich vergaß. Wie sie jetzt in der weiten Welt der Schönheit schwelgte!

Es war, als beglückte sie alles das, wovon sie eine Zeitlang getrennt gewesen war, jetzt mehr als je. Und doch! Sie war nicht dieselbe wie früher. Wenn sie auch alles ganz besonders genoß, so betrachtete sie es doch als etwas Äußerliches. Sie war nicht mehr so ganz eins mit dieser

Welt wie früher. Es war etwas Neues in ihr gewachsen, das nicht von dieser Welt war.

Die großartige Landschaft von Skalunga und deren einzigartiger Pastor waren ihr weit entrückt, aber durch die Entfernung nur noch größer geworden. Dort oben war eine Welt für sich, eine hohe und reine Welt unter ewigen Sternen, fremd der Welt, in der sie jetzt lebte; ihr Glanz war ein anderer, und das Neue in Helwig war ihr Widerschein.

Getrennte Welten kämpften um sie, und unglückselig zersplittert wie sie war, wurde sie zu beiden hingezogen. Welcher gehörte sie an? Sie konnte nicht beiden angehören, sie mußte zwischen ihnen wählen, das war ihr ganz klar.

Stand die Wahl ihr frei? Konnte sie wohl nach ihrem Willen oder nach ihrem Gefühl wählen, mußte sie nicht nach ihrem Wesen wählen? Gehörte sie ihrem Wesen nach nicht dem weltlichen Lebenskreise an, dem sie entstammte? Mußte nicht ihr ganzes Wesen verwandelt werden, wenn sie das abgeschiedene, einfache, selbstverleugnende Leben wählte, das ihr die Liebe zum Pastor von Skalunga öffnete?

Er hatte ja von der Wiedergeburt, als dem einzigen Weg, gesprochen.

Und sie wußte sehr wohl, daß er damit nicht den Weg nach Skalunga meinte, sondern den Weg ins Reich Gottes; aber sie hatte das Gefühl, als ginge der Weg ins Reich Gottes für sie über Skalunga. Wählte sie die hohe, reine Welt, die für sie in dem Mann, den sie liebte, verkörpert war, so wählte sie den Weg ins Reich Gottes. So aus einem Guß wie der Mann war, konnte sie nur eins mit ihm werden, wenn sie im Geist sowohl, wie in allem anderen, eins mit ihm wurde.

Dies Bewußtsein trat hier stärker hervor als in Skalunga, nun sie seinem beherrschenden persönlichen Einfluß entrückt war und sich in dem verlockenden und schimmernden Netz des Weltlebens gefangen sah. Dort oben war sie so stark zu ihm hingezogen worden, daß sich das Trennende nicht geltend machte, aber jetzt sah sie deutlich die tiefe Kluft zwischen hier und dort. Und der Abstand war so groß, daß er entweder überbrückt werden mußte oder sie für immer von Skalunga trennte.

Wie würde sie den Spalt überbrücken kennen, oder wie würde sie es ertragen, sich durch ihn von ihrer Liebe trennen zu lassen? Sie fühlte sich ebenso unfähig zu dem einen wie zu dem anderen.

Sie hatte gehofft, ein ganzer Mensch durch ihn zu werden, aber nun war sie durch ihn mehr zersplittert als vorher.

34.

Bald nach Neujahr kam Ols nach Stockholm. Er kehrte bei einem Tischler ein, der aus seiner Gegend stammte und seiner Kindheit und ersten Jugend bester Freund gewesen war. Der Tischler hatte Frau und Kinder und bewohnte zwei Zimmer mit Küche; aber die kleinste Wohnung genügt, wenn das Herz weit ist. Der Tischler war überglücklich, Ols Erik bei sich zu haben, und seine Frau machte die gute Stube für den Gast zurecht.

Ols hatte Lebensmittel mitgebracht, die der Hausfrau höchst willkommen waren. Ols Erik kannte auch die Frau seit seiner frühesten Jugend, und sie war stolz auf den Freund der Kindheit, der es so weit gebracht hatte.

Aus dem einfachen Heim ging Ols zu der Baronin Furuclou. Er blieb unverändert, als er in das schöne Empfangszimmer, unter die altertümlichen Möbel und Kunstwerke trat. Sein Schritt war ebenso sicher auf dem weichen Teppich wie auf des Tischlers Strohmatte. Sein Blick und sein Händedruck hatten dieselbe herzliche Wärme, als er die feine Hand seiner früheren Patientin zur Begrüßung drückte, wie da er den einfachen Freunden seiner Kindheit guten Tag sagte. In jedem sah er nur den Menschen. Ob die Schale, die den Kern umgab, mehr oder weniger glänzend war, hatte für ihn keine Bedeutung.

Er hatte seine Ankunft nicht im voraus gemeldet und kam daher überraschend. Helwig war nicht zu Hause, aber die Baronin empfing ihn herzlich. Sie erinnerte sich alles dessen, was er ihr in ihrem Unglück und in ihren Schmerzen gewesen war, und sie schob den Gedanken, warum er jetzt kam, beiseite. Keins von ihnen sagte etwas davon. Sie sprachen natürlich von Helwig, aber so, als verknüpfe Ols und sie kein anderes Band, als die Erinnerung an einige Monate angenehmen Beisammenseins.

Die Baronin lud den Pastor zum Mittagessen an demselben Tage ein.

Er kam. Und da traf er Helwig.

Ihr Herz schlug wild, als sie sein Klingeln hörte und im Empfangszimmer auf sein Eintreten wartete.

Da stand er im auseinandergezogenen Türvorhang und sah sie an.

Welch ein Gegensatz er war zu der reichen Umgebung, in die er eintrat! Aber in seiner schlichten Größe erhob er sich darüber hinaus. Es schien Helwig, als beuge sich der von ihren Vätern ererbte, geschmackvolle und vornehme Luxus vor seiner Persönlichkeit, als wolle er sie nur noch mehr heben.

Er ging auf Helwig zu, und sie reichte ihm beide Hände, ohne etwas zu sagen. Sie fühlte wieder die magnetische Kraft, die von ihm ausging, sie fühlte sie, als müsse es so sein, daß er da bei ihr stände, und sie schwelgte darin, daß sie wieder in sein Gesicht blicken und den eigenartigen Reiz seiner Häßlichkeit genießen konnte. Ihre Augen hingen an seinen schmalen, geraden Lippen, während sie auf sein erstes Wort wartete. Wenn sie ihn recht kannte, würde es nicht nur eine leere Begrüßung sein.

Er ergriff ihre Hände, schwieg aber ebenso wie sie.

Da fiel ihr ein, warum er gekommen war, und ein Gefühl des Entzückens und der Angst ergriff sie. Wenn sie ihrer Regung in dem Augenblick gefolgt wäre, so hätte sie sich an seine breite Brust geworfen und versprochen, ihm zu folgen, wo er hinginge. Aber sie tat es nicht, und ihm fiel es nicht ein, sie mit irgendeinem Gefühlsausbruch zu überrumpeln. Wie stark er auch fühlen mochte, so gab er seine ruhige Haltung doch nicht auf.

Nun kam die Baronin ins Zimmer, und erst da löste sich das Band der Zungen. Aber es wurden keine entscheidenden Worte gesprochen. Durch das Schweigen bei der Begrüßung hatten sich die beiden jungen Leute mehr gesagt, als sie hätten in Worte bringen können.

Es kam jetzt eine kurze Zeit des Beisammenseins für Ols Erik und Helwig, aber sie war ganz anders, als die letzte Zeit in Skalunga, gerade wie die hiesige Welt anders war als die dortige.

Helwig wollte Ols in ihrem Kreis sehen, wie er sie in dem seinen gesehen hatte. Darum lud sie ihn mit ihren vornehmen Bekannten und in den zwanglosen Kreis ihrer Kameradinnen ein, und nahm ihn überall mit, wo sie hinzugehen pflegte, ins Theater, in die Oper, in Konzerte und zu den Bekannten, zu denen sie ihm eine Einladung verschaffen konnte. Da er ihre Welt kennen lernen wollte, folgte er ihr überall, wo sie ihn hinführte.

Daß er gar nicht dahineinpaßte, sah sie klar, und er machte auch kein Geheimnis daraus. Aber er ließ sich durch nichts aus der Fassung bringen und war in keiner Gesellschaft verlegen. Überall blieb er so völlig er selbst wie in den Hütten von Skalunga. Er machte nicht den geringsten Versuch, sich zu ändern oder etwas nachzuahmen, aber er war auch weder in seiner Art noch in seinen Worten herausfordernd. Seiner Gewohnheit, den verschiedensten Menschen ins Herz zu sehen, blieb er treu, und er besaß in hohem Maße die Macht, selbst in den unnatürlichsten und geziertesten Menschen das echt Menschliche zu entdecken und hervorzulocken.

In Helwigs Augen wuchs er und erhob sich über ihre ganze Welt, als sie sah, wie gut er mit dieser ganz andersartigen Umgebung fertig wurde.

Das Verlangen, alles zu verlassen und ihm zu folgen, wurde beängstigend stark, aber zugleich nahm auch eine gewisse Furcht zu, die sie zurückhielt. Denn je deutlicher sie sah, wie sehr sich seine mächtige Gestalt von dem Wesen ihres bisherigen Kreises unterschied, desto klarer wurde es ihr auch, wie vollständig sie sich von allem trennen mußte, damit sie ihm folgen könnte, nicht nur im Äußeren, sondern vor allem mit dem Herzen.

Das Opfer schien ihr so groß und furchtbar, daß sie nicht nur davor zurückschreckte, sondern sich auch fragte, ob er ihr auch wirklich Ersatz dafür bieten würde. Die kalte Selbstbeurteilung hohnlächelte über ihr Verlangen, ohne Vorbehalt dem Geliebten anzuhangen.

„Du weißt," höhnte sie gegen sich selbst, „daß alle Liebenden den Geliebten idealisieren. Solltest du eine Ausnahme von der Regel machen? Also weißt du, daß er nicht so hochherzig oder so gut ist, wie du ihn siehst, denn in deiner Liebe mußt du übertreiben. Kannst du sicher sein, daß seine Liebe zu dir auch nur halb so groß und opferwillig ist wie die deine? Prüfe ihn, so wirst du es schon sehen! Du bist bereit, ihm deine ganze Welt zu opfern; aber wieviel glaubst du, wird er dir von der seinen opfern? Stelle ihn zuerst auf die Probe, ob er bereit ist, seinen Namen zu ändern und Mons fortzuschicken."

Sie gehorchte der Stimme und stellte ihn auf die Probe; das hatte sie ja schon von Anfang an tun wollen, wenn sie es auch aufgeschoben hatte und schließlich eigentlich ganz aufgeben wollte.

Er bestand die Probe nicht. Weder seinen Namen wollte er ändern noch Mons fortschicken. Und sie glaubte zu bemerken, daß er auch sie auf die Probe stellen wollte.

„Wenn du mich liebst, kannst du wohl nichts gegen meinen Namen haben, solange ich ihm nicht Unehre mache," sagte er.

Und im Hinblick auf Mons:

„Willst du meine Frau werden, so darfst du mir nicht ein Hindernis werden, sondern du mußt in allen Dingen meine Gehilfin sein wollen. Wie könntest du dann damit anfangen, daß du ein verstoßenes Kind aus meinem Hause entferntest, das ich in Jesu Namen aufgenommen habe und das an mir hängt!"

Das waren seine Antworten auf ihre beiden Bedingungen.

Hart wie Holz war sein Gesicht geworden, ein Zeichen, daß er sich gegen jede Überredung stählte. In dem Augenblick ahnte sie, daß dieser Gesichtsausdruck ihr verhaßt werden könnte, wenn ihre Liebe einmal kühler werden sollte. Jetzt erblickte sie einen Beweis männlicher

157

Festigkeit darin, aber die selten schlummernde Kritik ihres Verstandes flüsterte ihr zu, daß es vielleicht nur Eigensinn sei.

Ob es nun Festigkeit oder Eigensinn war, sie vermochte ihn nicht zu erschüttern. Wenn sie einwilligte, seine Frau zu werden, mußte sie Frau Ols Erik Larsson heißen und die Pflegemutter des Mons werden.

Es gab auch noch anderes, was sie nachdenklich machte und ihre Hingebung abkühlte. Wenn sie Musik zusammen hörten, merkte sie, daß alle profane Musik, mochte sie noch so vollendet sein, ihn völlig unberührt ließ, dagegen flößte ihm geistliche Musik, selbst solche, die eigentlich das Fassungsvermögen seines ungeschulten Musikverständnisses weit überschritt, eine stille und tiefe Begeisterung ein. Als sie darauf zu sprechen kam, antwortete er, daß er die Musik mit seinem religiösen Sinn genösse.

Die Antwort gab ihr Veranlassung zu mancherlei Grübeleien. Sein religiöser Sinn! Sie fragte sich, ob der vielleicht so in ihm vorwalte, daß er keine beherrschende Liebe oder nicht einmal eine Vorliebe außerdem empfinden könne. In welcher Weise und in wie hohem Grade beruhte wohl seine Liebe zu ihr auf seinem religiösen Sinn? Sie dachte daran, wie sein Interesse sich ihr zuwandte und in dem Maß zunahm, wie sie ihm als Seelsorger ihr Herz geöffnet hatte. Wenn er etwa entdeckte, daß sie nur ihn suchte, und nicht Gott, wie würde das wohl auf seine Liebe einwirken? Mußte sie nicht notwendigerweise abnehmen, da nun einmal der religiöse Sinn in ihm vorherrschte? Und wie würde sie es ertragen, sich in seinen Augen sinken zu sehen, weil sie die Forderung seines religiösen Gemüts nicht erfüllen konnte? Sie ahnte, daß sie furchtbar unglücklich miteinander werden könnten, und mitunter glaubte sie zu ahnen, daß er dasselbe dachte. Vielleicht hatte ihn das so fest gemacht, als er ihre Bedingungen abschlug!

Die Zeit, die Ols für seinen Aufenthalt in Stockholm festgesetzt hatte, neigte sich dem Ende zu. Der letzte Abend war gekommen, und er bat Helwig um die entscheidende Antwort. Sein Gesicht war steinhart und bleich, er war ruhig und entschlossen. Die Augen, die ihre Mutter nicht ohne Grund Schweinsaugen nannte, blickten sie unter den starken Augenbrauen treuherzig an. Wortlose Gelübde von lebenslänglicher, unverbrüchlicher Treue und niemals versagendem Beistand in allen Wechselfällen des Lebens konnte sie darin lesen, Versprechen der Liebe und Fürsorge, es lag aber auch ein Verlangen nach zärtlicher Gegenliebe darin, ein unabweisliches Bedürfnis völliger Hingabe.

Es brannte und schmerzte in Helwigs Herzen, aber jetzt im Augenblick der Entscheidung konnte sie nicht die Antwort geben, die sie in ihrer Verliebtheit nur zu gern gegeben hätte. Der kalte Verstandesgeist saß wach in ihrer Seele und hielt ihr unbarmherzig vor, wie verschieden sie doch trotz ihrer Liebe seien, wie sie getrennten Welten angehörten, die niemals vereint werden könnten, und wie keines von ihnen seine Welt für die des anderen opfern könne. Der Geist siegte über ihr Herz.

Sie sagte alles aufrichtig. Auch sie war bleich, und beide litten stark.

Sie fürchtete und hoffte zugleich, daß er versuchen würde, sie zu überreden, und sie wünschte, daß es ihm glücken möchte, sie zu bezwingen. Da ihr Herz sein Bundesgenosse war, so wäre es ihm gewiß gelungen, wenn er sich dazu entschlossen hätte. Mit verhaltenem Atem, mit Hoffnung und Angst wartete sie auf seinen Entschluß.

„Ich will dich nicht zwingen," sagte er mit der Ruhe, die bei ihm den Höhepunkt zurückgedrängter Erregung und Kraft bedeutete.

Während einiger Augenblicke hatte er am Abgrund geschwankt, aber er hatte das Gleichgewicht wiedererlangt.

Er war aufgestanden, als er antwortete. Einen Augenblick sahen sie sich bang und schmerzlich an, beide fürchteten, die Herrschaft über ihre Gefühle zu verlieren, und dann verließ er sie, um einsam in sein Amt zurückzukehren.

Und sie? Sie blieb wie versteinert stehen, mit gramvollem Herzen, und alles schien ihr plötzlich so hoffnungslos und leer. Wie sollte sie das Leben ertragen, das sie sich jetzt gewählt hatte?

O, wie sie den kritischen Verstandesgeist haßte, der jetzt über ihr unglückliches Herz triumphierte!

Sind doch ahnte sie, daß er sie vor noch bittererem Leiden rettete. Wie unglücklich sie auch ohne ihn war, so war es doch möglich, daß sie noch unglücklicher mit ihm geworden wäre. Darum rief sie Ols nicht zurück.

35.

Ols war wieder daheim in Skalunga und besorgte sein doppeltes Amt als Geistlicher und als Heilkundiger, aber seit seinem Besuch in Stockholm war eine große Veränderung in ihm vorgegangen. Die Hoffnung war erloschen, aber nicht auch das Verlangen. Er wollte nun den Gedanken an Helwig von sich schieben, aber das glückte ihm nicht. Sie war überall. Nun, wo er wußte, daß er sie nicht erringen konnte, hatte er das Gefühl, als könnte er ohne sie nicht leben. Und das um so mehr, als er eine Weile in ihrer Welt gelebt und völlig eingesehen hatte, wie fern sie noch dem Reich Gottes stand. Aber zu seiner Liebe und Sehnsucht gesellte sich, gerade nach dem Einblick, den er in Helwigs Welt getan hatte, das Verlangen, sie aus deren verstrickenden Gefahren zu retten. In seinem Kampf zwischen Fleisch und Geist gab es darum die ganze Zeit täuschend viel Geist selbst auf seiten des Fleisches. Vergebens sagte er sich, daß doch nicht der geringste Zweifel bestehen könne, welchen Weg er jetzt, da sie ihn abgewiesen hatte, gehen müsse. Das einzige, was er tun müsse, wäre, ihr Bild aus seinem Herzen zu reißen und sie zu vergessen. Aber eben das konnte er nicht. Teils umgab ihn die Erinnerung an sie rings um ihn her, in seinem eigenen Heim, wo sie gewohnt hatte, auf den Wegen, die er mit ihr gegangen war, in den Hütten, in denen sie mit ihm gesessen und mitfühlend an seinem Werk teilgenommen hatte, und teils bedurfte sie seiner Fürbitte auf den Wegen der Welt, auf denen sie weit vom Reiche Gottes wanderte. Er konnte nicht von ihr lassen.

Aber das Festhalten wurde verhängnisvoll. Er hatte das Gefühl, als neigte der Kampf zwischen Geist und Fleisch immer stärker zum Sieg des Fleisches. Alles, was er tat, schien ihm jetzt geistlos. Vielleicht merkten andere nichts davon, denn er hielt fest an den äußeren Gewohnheiten. Seine innere Kraft aber war ermüdet, das merkte bis jetzt nur er selbst.

Und nur er allein wußte etwas von dem Kampf der Nächte. Es war ihm, als stürmten die bösen Geister auf ihn ein und bedrängten ihn in dem Maße, wie der heilige Geist von ihm wich. Fleischeslust, Bitterkeit, Verzagtheit, ja, sogar Lästerungen fochten ihn in der Stille der Nacht in seiner Einsamkeit an.

Der Geist der Lästerung erschreckte ihn am meisten. Er fand Gott grausam, der ihn solch übermächtiger Versuchung aussetzte. Warum hatte Helwig hierher kommen und alle Kräfte seines Wesens zu solch einem Sturm aufpeitschen und ihm den Frieden seines Herzens rauben müssen? Gott hätte es verhindern können, er ließ es aber geschehen. Das war doch grausam! Und auch jetzt schickte er ihm keine Hilfe! – Er wurde allein gelassen, um mit dem Teufel zu kämpfen.

Hätte er wenigstens in seinem Innern unter Satans Backenstreichen das Flüstern des Geistes vernommen: „Laß dir an meiner Gnade genügen", dann hätte er Mut zum Aushalten gefaßt, aber er vernahm nichts! Der Geist war ihm gegenüber stumm.

Verzweifelt streckte er seine Hände in die leere Luft und rief Gott an, aber vergebens. Die Hände, die bisher so stark im Helfen waren, bekamen nun selbst keine Hilfe, sondern tasteten ohnmächtig nach dem entschwindenden Mantelsaum des Vaters.

Auch hatte er keinen menschlichen Vertrauten, und es fiel ihm nicht ein, einen zu suchen. Er hatte seinen Stolz, und schreckte davor zurück, seine innere Not vor Menschenaugen zu enthüllen. Er war ja allen, die ihn umgaben, Hirte, Lehrer, Helfer; an wen von ihnen hätte er sich wenden können, um Hilfe für sich zu bekommen? Würde ihr Vertrauen zu ihm nicht erschüttert und sein Wirken unter ihnen erschwert werden, wenn sie ihn so niedergedrückt sähen?

Er suchte keine menschliche Hilfe, aber eines Nachts kam sie von selbst zu ihm.

Seine Aufregung hatte ihn aus dem Bett getrieben. In tiefem Gebetskampf lag er auf den Knien in seiner Studierstube. Er hatte kein Licht angezündet, denn der Mond schien durch das Fenster. Jeder Gegenstand im Zimmer war sichtbar, und das Mondlicht fiel hell auf Ols Eriks kniende Gestalt. Die Tür, durch die er hereingekommen war, stand halb offen, er hatte sie absichtlich nicht zugezogen, damit nicht jemand durch das Geräusch geweckt würde. Und doch ging die Tür jetzt leise auf, und Mutter Ols guckte vorsichtig hinein, als fürchtete sie das, was sie sehen würde, oder als wollte sie nicht gesehen werden.

Sie erblickte ihren knienden Sohn und stand still und betrachtete ihn. An seiner Stellung sah sie, daß er in Ängsten war.

Obgleich er sie nicht ins Vertrauen gezogen hatte, ahnte sie, was vorgefallen war. Sie hatte den Glanz in seinem und Helwigs Gesicht gesehen, sie hatte die Gemütsstimmung bemerkt, die ihn nach der Abreise der lieben Gäste erfüllte, sie hatte die Bedeutung der Reise nach Stockholm geahnt und den Sohn nach seiner Rückkehr voller Spannung beobachtet. Sie dachte, daß er es jetzt gewiß sagen würde, wenn dort alles klar geworden wäre. Aber er hatte nichts gesagt. Zwar hatte er seine Arbeit wie vorher wieder aufgenommen, aber sie hatte doch gesehen, daß er nicht so war wie früher. Wie sehr er sich auch beherrschte, sie hatte doch seinen inneren Unfrieden bemerkt und mit ihm gelitten. Er glaubte sich in seinem Gebetskampf allein, aber seine Mutter hatte doch die ganze Zeit daran teilgenommen.

Und nun stand sie in der Türöffnung und blickte ihn an. Sie stand zögernd da. Sollte sie zu ihm hineingehen oder umkehren und tun, als hätte sie nichts gesehen? Was wäre das beste für ihn?

Zwar achtete sie sich selbst nur gering, aber sie dachte daran, daß der Herr, als er einst wegemüde war, eine Frau um Wasser bat. Und Er war doch der Herr, und das Weib, das ihm zu trinken gab, eine unbekannte Samariterin. Hier lag ein rein irdischer Mann wegemüde auf den Knien, und das Weib, das sich danach sehnte, ihm zu dienen, war keine unbekannte Samariterin, sondern seine eigene Mutter.

Also trat sie ein und setzte sich neben ihn auf das Sofa.

Er fuhr zusammen und blickte auf. Er sah seiner Mutter kleine zähe abgearbeitete Gestalt vom Mondlicht umflossen, er sah ihr mageres Gesicht, das aber das Gepräge der Gesundheit trug, weiß im weißen Licht, er sah die unwandelbare Liebe in ihren Augen. Er fragte nichts, sprach nichts, jede Erklärung war unnötig. Er begriff, daß sie ihn verstand, und daß sie darum gekommen war. Ohne ein Wort legte er den Kopf in ihren Schoß und empfand einen unbeschreiblichen Trost.

Endlich sprach er.

„Mutter, Gott zürnt mir."

Sie fragte nicht, womit er Gott erzürnt habe.

„Er wird sich deiner wieder annehmen, wenn du nicht abläßt, ihn darum zu bitten," sagte sie.

„Da ist etwas, das ich festhalte, obgleich ich es aufgeben sollte."

„Bitte Gott, es dir abzunehmen."

„Das hat er getan. Und ich hänge doch noch immer daran fest."

Sie fragte nicht, was das sei, denn sie wußte es.

„Es ist wohl seine Absicht, daß du leiden sollst. Gott braucht es zu deiner Erziehung. Selig sind, die frühe Leid und Versuchung erdulden."

Ihre Worte gaben ihm Trost und neue Kraft, aber noch mehr tat es nur ihre Nähe. Verkörperte sie ihm nicht in ihrer Person die unwandelbare Liebe, auf die Gott hinweist, wo er ein Bild seiner eigenen unwandelbaren Liebe geben will? Die alte liebe Mutter, in deren Schoß sein Kopf ruhte, würde nie aufhören, ihn zu lieben, was er auch tun mochte, und wie er auch werden würde. Sie würde über ihn trauern können, wenn er ihr Veranlassung dazu gäbe, aber niemals aufhören, ihn zu lieben. Und Gott hat doch von seiner Liebe gesagt, daß selbst, wenn ein Weib ihres leiblichen Sohnes vergäße, er sich dennoch über seine Kinder erbarmen würde.

War es Gott selbst, der die Mutter in seiner dunklen Stunde zu ihm schickte, als lebendigen Hinweis auf seine eigene noch größere Liebe, auf sein eigenes noch größeres Erbarmen?

In der Nacht wurde ihm mehr als Trost zuteil, er bekam Frieden und Stärke und neuen Lebensmut, denn er erfuhr Gottes Gnade im tiefsten Innern und erhielt die Kraft, von sich selbst und seinem eigenen Mangel auf Gott und dessen Fülle zu blicken.

Nun erhob er sich und stand im Mondschein vor seiner kleinen Mutter und blickte hinab in ihr liebes Gesicht, das ihm zugewandt war. Sie suchte nach dem Frieden in seinem Gesicht, den sie dort so gern gesehen hätte.

Er lächelte, und es war nicht ein äußeres, nichtssagendes Lächeln, sondern der wiedererlangte Friede strahlte aus seinem Gesicht.

„Mutter," sagte er, „in Gottes großer, unverdienter Gnade verschwindet alle meine Sündhaftigkeit wie ein Tropfen im Ozean."

36.

Die Sonne stieg höher am Himmel, und die Tage fingen an länger zu werden. Wenn die Sonne schien, tropfte der Schnee von den Bäumen, aber nachts fror er wieder fest. An trüben Tagen wurde es ziemlich früh dunkel, besonders im Wald unter den Bäumen.

An einem solchen Abend ging Ols auf dem Heimweg längs der Skalungaaue an dem Abhang entlang, der sich auf der dem Pastorat entgegengesetzten Seite hinzog.

Er war in tiefen Gedanken. Sein Herz war bei Helwig, und er dachte daran, wie schwer es dem Menschen wird, sich im Zaum zu halten und Gott gehorsam zu sein. Gott hatte ihm durch Helwig die erbetene Antwort gegeben. Aber weil die Antwort anders ausfiel, als er wollte, kostete es viel Kampf, bis er sich fügen konnte. Sein Wille brach sich an Gottes Willen, nicht im Trotz, sondern in ungeheurer, natürlicher Kraft. Er hätte nie geglaubt, daß sein Wille so stark und so schwer zu beugen gewesen wäre.

Trotz des Friedens, den er empfangen hatte, ging der Kampf um innere Befreiung weiter.

Heute abend hatte er noch anderes zu bedenken, während er vorwärtsschritt. Der Vater des Mons war aus dem Gefängnis entlassen worden, und man behauptete, man habe ihn hier in der Gegend von Skalunga gesehen. Was hatte er hier zu tun? Die Leute erinnerten sich seiner Drohung, sich an dem Pastor zu rächen, und Ols war gewarnt worden. Er nahm es leicht. Wenn man ein Übermaß an Körperkraft in sich fühlt, fürchtet man sich nicht leicht vor der Möglichkeit eines Überfalls. Es ist wahr, daß Körperkraft nichts gegen eine Schußwaffe in der Hand eines Frevlers vermag; aber Ols glaubte nicht, daß der Kerl eine derartige Rache wagen würde, dabei würde er nur sein eigenes Leben gefährden. Er fürchtete dagegen, daß der Mensch sich durch Mons rächen würde. Als Vater des Jungen konnte er Anspruch auf diesen erheben und dadurch den Pflegevater des Kleinen ganz anders treffen als durch Messer und Kugel.

Es war ein dunkler, stürmischer Abend, und es rauschte gewaltig durch den Wald. Darum achtete Ols nicht auf das Geräusch knackender Zweige, während er auf einem fast unsichtbaren Fußsteig dahinschritt, und er hörte die Tritte nicht, die ihm schon lange folgten. Mitunter hatten sie ihn beinahe erreicht, hatten aber dann wie in Zweifel oder Furcht gezögert. Jetzt kamen sie entschlossen näher. Hier war der Wald dicht und der Pfad öde und holprig, keine Gefahr, daß ein Unberufener hier vorbeikam und die Verübung eines Verbrechens störte!

Erst als die Schritte dicht hinter ihm waren, wurde Ols aufmerksam und wandte sich um, aber im selben Augenblick traf ihn ein so harter Schlag auf den Kopf, daß er die Besinnung verlor.

Furchtbare Schmerzen brachten ihn wieder zu sich.

Zwei starke Kerle hatten ihn gefaßt, und gegen ihre vereinte Kraft konnte er nichts ausrichten. Sie konnten mit ihm machen, was sie wollten. Und es geschah etwas Unerhörtes.

Die eine Hand wurde ihm an einen Kiefernstamm festgenagelt, die andere an einen der Äste des Baumes. Seine Hände wurden so hoch oben befestigt, daß er schief in der Luft hing und nur mit der äußersten Spitze des einen Fußes den Boden berührte.

Rohe Stimmen drangen an sein Ohr, aber er faßte nicht viel von dem, was sie sagten, da er zuerst vom Schlag betäubt und dann vor Schmerzen wie wahnsinnig war. Auch konnte er die Gestalten und Gesichtszüge seiner Plagegeister nur undeutlich erkennen. Er sah nur, daß der eine brennend rotes Haar hatte.

Da wußte er, wer das war. Das war die verheißene Rache!

Der Rächer verhöhnte sein Opfer roh und schadenfroh und sagte, jetzt könne er da hängen und über alles nachdenken.

„Wenn ihn nun aber niemand findet?" wandte der andere Bösewicht ein.

„Dann mag er da hängen, bis er verreckt."

„Wäre es nicht besser, ihm den Garaus zu machen?"

„Dann kriegen wir ja einen Mord auf das Gewissen," sagte der erste mit einer Stimme, die erkennen ließ, daß er dieselben Absichten hegte wie sein Genosse.

„Du versprachst mir, daß wir nicht töten, nur strafen wollten. Das wird aber doch ein Mord, wenn wir ihn hier hängen lassen und niemand vorbeikommt."

Darauf bekam er keine Antwort, denn der Rote, der augenscheinlich der Anführer war, fuhr auf, stieß eine Menge grober Flüche aus und stürzte hinter etwas her, das er im Dunkeln gesehen haben mußte. Er kehrte bald zurück. Hinter einem Stein hatte er etwas Rotes hervorschimmern und verschwinden sehen. Als er sich darauf stürzen wollte, war etwas fortgelaufen und im Dunkeln verschwunden. Es war wohl ein Tier gewesen, vielleicht ein Fuchs! War es ein Mensch, so mußte es ein Kind gewesen sein, so klein war die Gestalt, die fortlief. Und was hätte das für ein Kind sein können, allein hier im Wald an dem trüben stürmischen Abend? Der Schurke beruhigte sich.

Wieder verhöhnte er sein Opfer, das schwer und schmerzhaft stöhnte.

„Das gefällt mir nicht," sagte der andere Schurke.

„Zier dich nicht! Du brauchst wahrhaftig nicht blöde zu sein!"

„Wenn ich mit dabei gewesen bin, hat's immer was eingebracht; aber was ist hier zu gewinnen?"

„Muß es denn immer um Geld gehen? Du besitzt gar kein höheres Streben," höhnte der erste Schurke frech. „Ich ernte hier einen edlen Gewinn. Rache! Und du kannst dich freuen, daß du mit dabei warst, Gerechtigkeit auszuüben."

„Es wäre barmherziger, ihn gleich zu Brei zu schlagen."

„War er vielleicht barmherzig gegen mich? Nein, keine Spur! Komm jetzt! Reue lohnt sich nicht für dich. Ich rate dir, verdirb es nicht mit mir, denn ich weiß zu viel von dir. Komm jetzt, ehe er zur Klarheit kommt."

Sie gingen fort, nachdem der Brandrote noch eine Flut von Flüchen ausgeschüttet hatte. Ols hing an seinen festgenagelten Händen, lang gestreckt, gequält und angsterfüllt. Er stöhnte und rief. Das Brausen des Sturmes nahm sein Rufen auf, trug es fort und übertönte es.

37.

Das Rote, das der Verbrecher hinter dem Wacholderbusch hatte schimmern sehen, war Mons' rotes Haar gewesen.

Mons hatte sich aus der Küche gestohlen und war seinem Pflegevater entgegen in den Wald gerannt. Er wußte, woher dieser kam, und da er oft mit ihm ging, kannte er auch die unbegangenen Richtwege, die Ols einzuschlagen pflegte.

Es dauerte lange, bis sein Pflegevater kam, und so hatte sich Mons weiter vom Haus entfernt, als er gedacht hatte. Er überlegte, ob er den Pflegevater vielleicht in der Dunkelheit verfehlt hätte, oder ob der etwa einen anderen Weg wie gewöhnlich eingeschlagen hätte, da trafen sonderbare Laute sein Ohr. Vorsichtig schlich er sich in der Richtung, woher die Laute kamen, weiter und wurde Zeuge der grauenvollen Tat, der Ols zum Opfer fiel.

Als er sich trotz des Abenddunkels entdeckt sah, war er in Todesangst davongestürzt. Ohne Aufenthalt war er nach Hause gestürmt und stand nun, nach Luft schnappend, in der Pastoratsküche.

Mutter Ols, der Knecht Matz und zwei Bauern, die gekommen waren, um mit dem Pastor zu sprechen, saßen um den Tisch, auf den Anna eben die Speisen setzte. Ols hatte ein für allemal gesagt, daß man nie mit dem Essen auf ihn warten sollte. Er wollte die Freiheit haben, über die Zeit auszubleiben, ohne das unbehagliche Bewußtsein, daß andere hungrig waren und seinetwegen warten mußten.

Außer Atem und in einemfort blinzelnd, stand Mons jetzt mitten in der Küche. Schrecken sprach aus jedem Zug seines Gesichts und aus seiner ganzen Haltung. Alle sahen ihn unverwandt gespannt an.

„Hast du Gespenster gesehen?" fragte Matz mit einem Versuch, den Schrecken, der sie alle beim Anblick von Mons' entsetztem Gesicht ergriffen hatte, durch einen Scherz zu vertreiben.

„Pflegevater!" war alles, was Mons hervorbrachte.

Alle erhoben sich.

„Was ist mit ihm?"

„Oben im Wald. Kommt! Nehmt die Zange mit!"

Alle machten sich schleunigst bereit, Mons zu folgen.

„Nehmt die Zange mit!" rief der Junge wieder.

„Wozu?"

„Nehmt die Zange mit!" wiederholte Mons, und es war klar, daß er nicht imstande war, mehr zu sagen.

Matz ergriff schnell eine Hufzange. Vorsichtshalber nahm er auch einen Hammer, eine Feile und verschiedenes andere mit, was er in der Eile gerade faßte.

„Nimm eine Flinte. Es sind zwei," sagte Mons.

Eine Flinte? Wo sollte man in der Eile eine hernehmen? Man nahm eine Axt, ein Messer und eine Sense. Mutter Ols machte die Stallaterne zurecht und eilte den anderen voraus gleich hinter Mons her. Anna rannte hinunter in die Nachbarhöfe, um die Leute aufzurufen und ihnen den Weg zu zeigen, den die erste Schar eingeschlagen hatte.

Mons war schnell, er rannte so, daß es den Großen schwer wurde, ihm zu folgen. Ganz außer Atem war er und gewiß auch müde; aber daran dachte er nicht, wußte er doch am besten, wie sehr Eile not tat! Er hatte keinen Gedanken für sich selbst, nur für den Pflegevater, den Pflegevater!

Die Berge hinauf, bis auf den Gipfel der Skalungahöhe, dann das Flüßchen entlang, auf der anderen Seite wieder hinunter, stürmte Mons seiner Schar voran. Dann wandte er sich gerade in den Wald hinein.

Wie kann der Junge sich zurechtfinden? Wie kann er im Finstern sehen? Führt er uns recht? Hat er überhaupt etwas gesehen? Vielleicht spielt er uns nur einen schlechten Streich? Wer kann dem Jungen mit dem boshaften Affengesicht trauen?

Man fing an, bedenklich zu werden, und die eiligen Schritte wurden langsamer. Nur Mutter Ols mit ihrer Laterne folgte Mons ebenso eifrig wie bisher auf dem Fuße. Aber auch ihr wurde es schwer, ihm zu folgen, so sehr eilte er.

Sie sah, daß er stehen blieb. Fing auch er an zu zweifeln? War er irregegangen?

Sie blickte ihn nur an, ging auf ihn zu mit ihrer Laterne und fragte ihn, ob er den Weg nicht mehr wisse.

Er antwortete nicht, er hatte keine Luft mehr, aber er zeigte nach vorn, und dann brach er zusammen.

Mutter Ols blickte nach der Richtung, in die er gezeigt hatte, und hob die Laterne über ihren Kopf, um besser zu sehen. Und da entdeckte sie ihren Sohn.

Die Nachkommenden hatten sie jetzt erreicht, und im schwachen Schimmer der Laterne hatten sie einen Anblick, der ihr Blut erstarren ließ.

Mit schwer niederhängendem Kopf, das Kinn auf der Brust, hing ihr Pastor schlaff und leblos da.

Nun verstanden sie Mons' Mahnung, die Zange mitzunehmen, und sie segneten den Jungen, der sich alles so gut überlegt hatte; denn was hätten sie ohne Zange anfangen sollen, jetzt, wo Eile not tat?

Matz und die Bauern hatten wohl öfter Nägel herausgezogen, aber noch nie war es ihnen so schwer geworden wie jetzt. Es ging wohl, aber ach, so langsam! Die kostbaren Minuten verliefen und mit ihnen schwand das Leben, das ihnen allen so unschätzbar war.

Während der Arbeit kamen mehr Leute aus dem unteren Dorfe, Anna und alle, die sie aufgerufen hatte.

Schweigend, eifrig, mit Tränen in den Augen und Weh im Herzen halfen alle ihren Pastor befreien.

Er selbst wußte von nichts. Das Bewußtsein hatte ihn verlassen, aber er war noch am Leben.

Als er frei war, legte man ihn auf den Erdboden, mit dem Kopf in seiner Mutter Schoß.

Ein schwerer Schaden am Kopf zeugte von dem betäubenden Schlag, der ihn seinen Henkern wehrlos ausgeliefert hatte. Seine durchbohrten Hände waren kraftlos hingestreckt, und sein gequälter Körper lag schlaff und leblos da.

Alle standen schweigend um ihn her, und Mutter Ols weinte leise über ihren Sohn.

„Es ist gerade wie mit unserem Heiland," sagte jemand mit gedämpfter, bebender Stimme.

„Die Hände haben vielen Kranken geholfen, und nun sind sie durchbohrt," stimmte ein anderer im selben Ton zurückgehaltenen Weinens und ehrfurchtsvoller Liebe ein. Alle entblößten ihre Köpfe.

38.

Ols lag in seinem Bett. Er war wirklich wieder zum Leben erwacht, aber vorläufig zu einem Leben voller Schmerzen. Glieder waren aus den Gelenken gerissen, Muskeln und Sehnen gestreckt, sein starkes Herz hatte Schaden gelitten, und in seinen von groben Nägeln zerfleischten Händen lauerte die Gefahr der Blutvergiftung. Er lebte aber doch, und es bestand die Möglichkeit, daß er am Leben bleiben würde. Man war wenigstens zur rechten Zeit gekommen, um ihn vor einem grauenvollen Tode zu bewahren. Das erfüllte das erregte Skalunga mit Dankbarkeit zunächst gegen Gott, dann aber auch gegen ein kleines Wesen, von dem bisher niemand etwas Gutes geglaubt hatte, gegen Mons.

Hätte er sich nicht an jenem Abend die Seele für den Pflegevater aus dem Leibe gerannt, so hätte Skalunga jetzt Trauer um seinen Pastor gehabt. Jetzt aber trauerte Skalunga um Mons.

Als er die kleine Schar mit Mutter Ols an der Spitze an den Unglücksort geführt hatte, war er ohne ein Wort zu Boden gesunken. Aber alle waren so sehr davon in Anspruch genommen, ihren sterbenden Pastor zu retten, daß niemand ein Auge für den kleinen Jungen hatte, der unbeweglich liegen blieb, wo er hingefallen war. Erst als die Bahre zurechtgemacht war und man fortgehen wollte, hatte Anna sich über Mons gebeugt und ihn angestoßen, um ihm zu sagen, daß man nun ginge. Aber er hatte sich nicht gerührt. Und als sie den Knecht Matz herbeigerufen und der den Knaben aufgehoben hatte, entdeckten sie, daß er tot war.

Jetzt lag seine Leiche oben in einem der Zimmer. Klein und häßlich wie im Leben lag er in seinem Sarg. Übersehen und ungeliebt war er im Leben gewesen, aber jetzt war er allen in Skalunga ein Held geworden. Alle wollten ihn da liegen sehen.

Niemand hatte etwas Gutes von dem zum Unglück geborenen Kinde geglaubt; selbst sein Pflegevater hatte kaum ein volles Vertrauen zu seiner Entwicklung gehabt; er hatte ihn aber in Jesu Namen aufgenommen, um jeden Funken Gutes aus ihm hervorzulieben.

Jetzt wurde von Mund zu Mund erzählt, wie atemlos und entsetzt, aber eifrig und klug er in der Pastoratsküche gestanden, die Anwesenden zu Hilfe gerufen und ihnen in wenig Worten gerade das gesagt hatte, was sie wissen mußten.

Niemand wußte, wie es zugegangen, daß er Zeuge der entsetzlichen Tat dort im Waldesdunkel geworden war; aber man wußte, daß er dem Pflegevater entgegenzugehen pflegte, wenn er nicht von Anfang an mit ihm war. Gewiß hatte er es auch diesmal getan. Dann hatte er den Leuten gesagt: „Es sind zwei", und hatte sie eine Flinte mitnehmen heißen. Daraus glaubte man schließen zu können, daß er den Vorgang gesehen habe.

Mut und Geistesgegenwart hatte er an den Tag gelegt. Und noch etwas, das man dem wilden kleinen Herzen gar nicht zugetraut hätte. War es etwas anderes als Liebe, was ihn an dem Abend bewegt hatte? Erst trieb sie ihn dem Pflegevater entgegen, dann lehrte sie ihn das Beste, was getan werden mußte: nach Hilfe zu laufen. Wie er gerannt sein mußte, der kleine Bursche, den weiten Weg nach Hause, allein im Wald, nachdem er Zeuge einer solchen Tat gewesen war! Und dann nach der Heimkehr, keine Minute Ruhe, kein Gedanke an Erfrischung, nicht soviel wie ein Schluck Wasser, dessen er doch gewiß bedurft hätte! Jetzt erst dachte man mit Gewissensvorwürfen daran. Niemand hatte einen Gedanken für den kleinen Boten gehabt, so sehr war man in seiner Botschaft aufgegangen. Er war der erste gewesen, der sich selbst vergessen hatte. Er war nur darauf bedacht gewesen, so schnell wie möglich mit Hilfe zurückzukehren. Er hatte keiner Müdigkeit geachtet, wie müde er auch gewesen sein mochte; keiner Furcht, wieder mit den schlechten Menschen zusammenzustoßen, so sehr ihn auch ihre Schandtat erschreckt haben mochte. Der Pflegevater war sein einziger Gedanke gewesen. Was war das anderes, als Liebe?

„Unser Ols", der einzige, der ein zärtliches Herz für das zum Unglück geborene Kind gehabt hatte, hatte in Wahrheit seinen Lohn empfangen! Seine Liebe hatte der Liebe Frucht getragen.

So sprach man jetzt von Mons in Skalunga.

Nur Ols selbst wußte nichts. Er war zu krank. Man wagte nicht, mit ihm von Mons' Tod zu sprechen.

Zuerst fragte er auch nach nichts. Er hatte genug mit seinen Schmerzen zu tun. Langsam nur kehrte sein klares Bewußtsein zurück. Mutter Ols, Mutter Karin und der Doktor pflegten ihn. Der Doktor hatte einen jungen Kollegen mitgebracht, der es so eingerichtet hatte, daß er eine Weile dableiben konnte. Ols wollte nicht den weiten Weg zum Krankenhaus getragen werden, und der Doktor hielt es auch nicht für ratsam. Was zu machen war, konnte auch hier geschehen.

An einem der nächsten Tage blickte Ols auf und sah seine Mutter an seinem Bett.

„Mutter, ich war ja so gut wie gekreuzigt."

„Ja, mein lieber Sohn."

„Wie hat Er für uns gelitten!"

Das kam aus der Tiefe der Erfahrung.

„Mutter, wie groß ist seine Liebe! Er betete für seine Henker. Ich haßte die meinigen, als ich da hing."

„Ich kann ihnen auch nicht vergeben," gab sie zu.

„Hat man sie gefaßt?"

„Noch nicht, aber man ist ihnen auf der Spur."

„Ich lehnte mich auch gegen Gott auf," gestand Ols weiter. „Ich war nicht weit davon, zu lästern."

„Und doch rettete er dich."

„Wie ging das zu? Wie fand man mich?"

„Es war Mons."

„Mons?"

„Er muß dir entgegengegangen sein," fing die Mutter an und erzählte dann, wie alles zugegangen war, sagte aber nichts von Mons' Tod.

Ols Eriks bleiches Gesicht leuchtete auf.

„Daß gerade er zu meiner Rettung kam," sagte er und dachte dabei an eine Äußerung Helwigs, daß er in ihm eine Schlange an seinem Busen nähre.

Er hatte ihr widersprochen, war aber nicht sicher gewesen, daß es nicht so kommen könnte, wie sie vorausgesagt hatte. Jetzt aber hatte Mons sich in einem anderen Licht gezeigt.

„Wo ist er? Laß ihn hereinkommen."

„Du bist noch zu krank."

„Gewiß nicht. Er ist so stille. Laß ihn hier drinnen sitzen. Er möchte es gewiß gern; oder ist er bange davor, mich so zu sehen?"

„Nein, aber – –"

Ols wurde aufmerksam.

„Ist etwas los mit ihm? Wurde er verletzt, oder – – hat ihn jemand fortgeschleppt?"

Ein gräßlicher Verdacht stieg in Ols auf. Des Knaben Vater!

„Nein, niemand hat ihn fortgeschleppt, und er ist auch nicht verletzt," antwortete Mutter Ols, noch unschlüssig, ob sie die Wahrheit sagen oder versuchen sollte, sie zu verbergen.

„Warum darf ich ihn denn nicht sehen?"

„Er ist nicht da. Gott hat ihn zu sich geholt."

Und dann erzählte Mutter Ols alles. Der Junge war zu schnell gelaufen und hatte sich überanstrengt. Ein Blutgefäß war in seinem Innern gesprungen.

Ols sagte nichts. Er war überwältigt. Der Knabe hatte sein Leben hingegeben, um das seine zu retten!

Wie wunderbar ketten sich die Geschicke der Menschen ineinander! Er hatte sich des Kindes eines Verbrechers angenommen, um es durch Liebe aus schlimmer Erblichkeit zu retten, und dies Kind war durch Liebe über alles Erwarten gewonnen worden. In seiner Liebe war das Kind des Verbrechers ein Mittel geworden, um seines bösen Vaters Anschlag gegen den, der sich ohne einen Gedanken an sich selbst seiner angenommen hatte, zunichte zu machen.

Ols schloß die Augen, aber dicke Tränen drangen unter den geschlossenen Augenlidern hervor. Er weinte um den Kleinen, während er gleichzeitig Gott von ganzem Herzen für ihn dankte.

Die Aufgabe, die er ausführen sollte, und die er in Gottes Namen auf sich genommen hatte, war jetzt abgeschlossen, vollendet.

„Dein ist die Ehre, Herr, dein ist das Werk von Anfang bis Ende gewesen. Du schenktest mir Liebe zu dem Kind, sonst hätte ich nichts vermocht. Deine Liebe hat alles getan."

39.

Helwig erfuhr erst durch die Zeitung, was geschehen war. Sie geriet so außer sich, daß die Mutter für ihren Verstand fürchtete.

Leichenblaß kam sie mit der Zeitung zur Mutter hinein und, ohne ein Wort zu sagen, zeigte sie ihr die Stelle, wo von der Gewalttat in Skalunga zu lesen war. Starr stand sie daneben, während die Mutter las.

„Ich fahre heute mit dem Nachtzug," sagte Helwig, als die Mutter ausgelesen hatte.

„Überlege dir gut, was du tust. Was werden die Leute sagen? Was wird er selbst denken?"

„Ich muß zu ihm fahren, und es geht kein Zug vor heute abend."

„Aber du bist doch nicht seine Braut. Du wolltest ihn ja nicht, überlege dir das doch! Was für ein Recht hast du nun, zu ihm zu fahren?"

„Wollte ich ihn nicht? Ach!"

Helwig wandte sich trauernd ab. Sie war blind gewesen, nun wurden ihr die Augen geöffnet, und sie sah. Sie hatte sich eingebildet, ohne ihn leben zu können. Nun begriff sie, daß sie es die letzten Monate nur deshalb gekonnt hatte, weil sie wußte, daß er sie die ganze Zeit dort oben in Skalunga vermißte, und daß sie jederzeit ihre Hand ausstrecken und die seine fassen könne.

Aber nun hatte ihn das Unglück getroffen, er lag krank, vielleicht im Sterben, und sie war nicht bei ihm! Sie lebte hier in einer fremden Welt, getrennt von ihm und bildete sich ein, das sei Leben!

„Laß uns telegraphieren und hören, wie es geht," sagte die Baronin.

„Ich reise jedenfalls heute abend."

Sie telegraphierten, und die Antwort kam, ehe Helwig abfuhr. Es ginge schlecht, aber es bestände keine unmittelbare Lebensgefahr.

„Siehst du nicht ein, daß ich reisen muß, Mutter?"

„Was kannst du tun? Und du gehörst doch gar nicht zu ihm."

„Gehöre ich nicht zu ihm? Ach, Mutter, du ahnst nicht, wie ganz ich ihm gehöre! Ich selbst habe es erst jetzt begriffen. Ich fahre zu ihm, um ihn nie wieder zu verlassen."

Die Baronin fühlte sich machtlos. So hatte sie ihre Tochter noch nie gesehen. Nichts erreichte sie bei der Unvernünftigen!

Sie wollte sie begleiten, aber davon wollte Helwig nichts wissen. Die Reise wäre zu ermüdend für die Mutter und würde auch langsamer gehen, wenn sie mitführe, und Helwig mußte sogleich hin.

Dann sagte sie ihrer ängstlichen Mutter Lebewohl und reiste ab. Sie selbst kannte keine Angst.

Wie war ihr damals zumute gewesen, als der Schnellzug sie von Skalunga und ihm entfernt hatte! Es war ihr bei jener Abreise gewesen, als hätte sie alle Fühlung mit der dortigen Gegend verloren. Jetzt war sie auf dem Wege zu ihm zurück, und allein der Umstand verlieh ihr Sicherheit. Er war krank, würde vielleicht sterben, und doch fuhr sie mit der

Gewißheit zu ihm, daß sie bei ihm die Hilfe finden würde, um das Unvermeidliche zu tragen. So stark stand seine Persönlichkeit und die Macht seines Einflusses vor ihr. Selbst, wenn er sterben sollte, würde das Beisammensein mit ihm ihr helfen, die Trennung zu überleben. Und wenn er am Leben bliebe, wie leicht könnte sie dann alles opfern, um bei ihm sein zu dürfen!

40.

Mutter Ols kam in das Krankenzimmer und trat an das Bett. Sie war besorgt, welche Wirkung ihre Mitteilung auf den Kranken haben würde, sah aber keine Möglichkeit, sie zurückzuhalten.

Ols Erik schlief nicht, obgleich er mit geschlossenen Augen dalag. Die Mutter ging mit leisen Schritten, er hörte sie aber doch. Er hörte sie oft, wenn sie kam und ging, pflegte aber die Augen nicht immer zu öffnen. Jetzt tat er es aber sofort und blickte sie an, als hätte er begriffen, daß sie gekommen sei, um ihm etwas Wichtiges zu sagen.

„ *Sie* ist gekommen," sagte Mutter Ols, ohne daß es ihr einfiel, zu sagen, wer gekommen sei.

Ols begriff sofort. Er und die Mutter hatten nur eine „sie" zusammen, obgleich sie nicht oft von ihr gesprochen hatten.

„Helwig? Hierher?"

„Ja; soll sie hereinkommen?"

„Ja, freilich."

Und Helwig kam, ruhig und natürlich, als wäre es gar nichts Bemerkenswertes, daß sie die weite Reise von Stockholm hierher gemacht hatte. Sie kam herein, als gehörte sie zu ihm.

Er konnte ihr keine Hand zur Begrüßung reichen, denn seine beiden Hände lagen verbunden auf der Decke, seine lieben durchbohrten Helferhände! Sie bückte sich und küßte die rechte, die ihr am nächsten lag. Es lag Feierlichkeit, ja Andacht in ihrer Bewegung.

Sein bleiches Gesicht leuchtete und er lächelte.

„Du behandelst meine Hand, als hätte sie ein großes Werk vollbracht, und doch hat sie ja nur gelitten!"

„Sie ist stigmatisiert worden," sagte sie und sah ihn mit einem strahlenden Blick an, der von gereifter und vertiefter Liebe zeugte.

Er lächelte milde über ihre schwärmerische Auffassung seiner Verwundung. Mutter Ols stand daneben und hörte, was gesagt wurde, verstand es aber nicht. Sie hatte das fremde Wort noch nie gehört. Helwig fiel ihr fragendes Gesicht auf, und sie erklärte den von ihr gebrauchten Ausdruck.

„Früher geschah es, daß hochbegnadete Heilige, die sich tief ins Nachdenken über Jesu Tod und Leiden versenkten, die Merkmale seines Leidens an ihrem Körper empfingen. Das nannte man ›stigmatisiert werden‹. Und hier ist nun so ein Wunder geschehen."

Mutter Ols sah noch immer bedenklich aus.

„Das kann doch nicht wirklich geschehen sein," sagte sie.

„Warum nicht?" fragte Helwig schwärmerisch. „Es ist doch hier an ihm geschehen."

Und ihr Blick strahlte das bleiche Gesicht an. Mutter Ols schätzte ihren Sohn allerdings hoch, aber trotz aller ihrer Liebe und Wertschätzung konnte sie doch kein Wunder in seiner Verwundung erblicken, und wußte darum nicht, ob Helwig das, was sie sagte, wirklich meinen könnte. Ols Erik verstand Helwig besser.

„Dein Vergleich ist schön," sagte er.

Was ihm aber am meisten wohltat, war der innige Ton ihrer Stimme, wenn sie zu ihm oder von ihm sprach, sowie auch der Strahl der Liebe, der aus ihren schönen Augen leuchtete.

„Das ist nicht nur ein Vergleich," beharrte sie. „Das Wunder der Stigmatisierung ist an dir geschehen. Du bist ein Heiliger."

„Ich ein Heiliger! Wenn du wüßtest, wie unwürdig ich es ertrug! Ich haßte meine Peiniger, und ich lästerte Gott in meinen Schmerzen."

„Das glaube ich nicht. Du warst nur vor Schmerzen nicht bei dir. Jetzt haßt du weder, noch lästerst du, und das hast du sicher nie von Herzen getan."

„Versuche nicht, meine Sünde zu vermindern. Das geht nicht, denn sie bleibt gleich groß. Es gibt aber noch einen Weg."

Er schwieg und sah gerade vor sich hin, mit einem Blick voll Ernst und Frieden.

„Es gibt einen anderen Weg als den der Entschuldigungen und Erklärungen, einen viel besseren Weg, um die Sünde los zu werden. Sich in Jesu Tod versenken und sein Zeichen empfangen, sein Siegel aufgedrückt bekommen. In seiner großen unverdienten Gnade verschwindet alle meine Sünde wie ein Tropfen im Ozean. Wenn er nicht mehr mit meiner Sünde rechnet, warum sollte ich es dann tun?"

Er wandte seinen Blick auf Helwig, und als er in dem ihren las, welch hohe Meinung sie trotz seines Sündenbekenntnisses immer noch von ihm hatte, fügte er hinzu:

„Ebensowenig wie mit meiner Sünde rechnet der Herr mit meinem armseligen Verdienst. Das geht in dem seinen auf wie eine flackernde Lichtflamme im Schein der Mittagssonne. Und wenn er weder mit meiner Sünde noch mit meinem Verdienst rechnet, warum sollte ich es dann tun?"

41.

Helwig wollte bei der Pflege helfen, sie wollte auch in der Nacht wachen, wenn die Reihe an sie käme, aber davon wollte Ols kein Wort hören. Er sagte nicht weshalb. Helwig hätte gern gewußt, ob es Rücksicht gegen sie war, oder ob es ihm seinetwegen peinlich war.

„Begreifst du denn nicht, weshalb ich gekommen bin?" fragte sie weich.

Der Ton verriet ihre Absicht, aber Ols sprach keine Mutmaßung aus, er schwieg abwartend.

„Glaubst du, daß ich gekommen wäre, wenn ich dir nicht angehören wollte?"

„Du hast das Herz über den Verstand siegen lassen. Er wird wieder erwachen, und dann wirst du bereuen, was du jetzt getan hast."

„Niemals! Ich bin gekommen, um zu bleiben. Laß mich jetzt deine Frau werden! Laß uns hier an deinem Krankenbett getraut werden!"

Sie sprach mit ruhiger Entschlossenheit in der bittenden Stimme. Aber er glaubte, sie übertreibe, obgleich ihr Verhalten nicht den Eindruck machte. Er mußte verhindern, daß das Gefühl sie beide in ein Verhältnis trieb, das unwiderruflich sein würde, selbst wenn sie es später bereuen sollten. So nahm er den Scherz zu Hilfe, um die Gefühlswärme herabzumindern.

„Nicht so hitzig!" sagte er leise und lächelte.

„Du glaubst, daß ich es nicht ernst meine?"

Er fuhr fort, sowohl seine eigenen wie ihre Gefühle mit Hilfe des Humors zu zügeln.

„Ich glaube, du hast dir nicht die Folgen klargemacht. Wenn wir uns nun hier an meinem Krankenbett trauen lassen, und ich sterbe, dann mußt du umsonst Ols Larsson heißen."

Ein gutes Lächeln strahlte ihr aus seinem müden Blick entgegen.

„Ich kenne keinen schöneren Namen als Ols Erik Larsson," antwortete sie mit zärtlichem Trotz.

Er mußte an ein anderes Hindernis denken, das zwischen ihnen gestanden hatte, aber jetzt beseitigt war.

Er sagte nichts, aber ihre Gedanken wanderten denselben Weg wie die seinen.

„Wenn Mons noch lebte, würde ich ihm verschwenderische Liebe beweisen," sagte sie mit einem Ton echter Neue in ihrer Stimme.

„Hast du von seiner letzten Liebestat gehört?"

„Ja."

Sie saß mit gesenktem Kopf da. Dann hob sie ihn und sah Ols mit dem ehrlichen Willen, sich zu demütigen, an.

„Du hast recht behalten. Deine Liebe siegte! Wenn du wüßtest, wie ich jetzt meinen Widerwillen bereue, und daß ich ihn so zeigte, würdest du es nicht übers Herz bringen können – –"

Was er nicht übers Herz bringen könnte, konnte sie nicht in Worten ausdrücken. Sie blickte weg, und es zuckte um ihren Mund.

„Den Kummer werde ich nie los werden," sagte sie.

Jetzt hätte er seine Hand mit tröstendem Griff auf die ihre legen mögen. Auch mit Blicken konnte er ihr sein Mitgefühl nicht zeigen, denn sie hielt ihr Gesicht weggewendet. Er mußte zu Worten greifen. Aber was sollte er sagen?

„Liebste!" sagte er nur.

Ein Beben durchfuhr sie, und sie wandte sich ihm wieder zu.

„Du bist mein Gewissen," sagte sie mit leichtem, zitterndem Lächeln. „Durch dich wird mir alles Böse, das ich getan habe, vorgeworfen, wenn du selbst auch kein Wort sagst."

42.

Die Verbrecher wurden ergriffen. Sie versuchten, alles zu leugnen, aber es gelang ihnen nicht. Der Rothaarige wurde als derselbe Mensch wiedererkannt, der einst auf des Pastors Aussage verhaftet und verurteilt worden war. Man konnte seine Rachedrohung bezeugen. Einige Tage vor Ausübung des letzten Verbrechens hatte er zufällig bei Eline in der Seehofskate gearbeitet. Sie war erst einige Jahre nach des Mannes erstem

Verbrechen in das Kirchspiel gezogen, wußte also nichts von ihm. Sie konnte bezeugen, daß er an dem Tage seit Mittag nicht mehr zu Hause gewesen war. Seinen Kameraden hatte man mit ihm zusammen in der Gegend gesehen.

Die beiden Verdächtigen wurden unter starker Bewachung in das Pastorat geführt, um ihrem Opfer gegenübergestellt zu werden.

Ols sah die Kerle einen nach dem anderen an.

„Wir sind uns früher begegnet," sagte er zu dem Rothaarigen.

„Vor sieben Jahren," antwortete der kurz und trotzig.

Es hätte nichts genutzt, zu leugnen, da alle hier ihn wiedererkannten.

„Und vor einigen Tagen," fiel Ols ein.

„Nicht, daß ich wüßte," sagte der Rothaarige frech.

Nun sah Ols den Kameraden an.

„Ich erinnere mich, daß ihr zwei um mich waret."

„Ich war nicht dabei," versicherte der Mensch.

Was Ols mit den Fragen hauptsächlich beabsichtigte, war, die Männer zum Sprechen zu bringen. Im Wald war es düster gewesen, er hatte ihre Gesichter nicht klar gesehen, aber ihre Stimmen waren deutlich an sein von Schmerzen umhülltes Bewußtsein gedrungen. Er erkannte sie wieder und erinnerte sich der ungleichen Rollen, die sie bei Verübung der Gewalttat gespielt hatten.

Er bat den Gerichtsdiener, den Rothaarigen hinauszuführen und den anderen drinnen zu lassen.

„Der Mann wollte mich befreien," bezeugte Ols von dem bei ihm gebliebenen.

Der fuhr zusammen und sah den Pastor verdutzt an.

„Er fand das, was sie mir taten, grausam, und war nach allem zu urteilen, vom anderen gezwungen worden," sagte Ols aus und ließ den Gerichtsdiener die Aussage aufschreiben.

Er sagte nicht, auf welche Weise der Kerl ihn hatte befreien wollen, und daraus schloß der Mensch, daß der Pastor seine Strafe lindern wollte. Etwas Ähnliches hatte der Verbrecher nie erlebt. Ein Mensch, der mit seiner Hilfe an einen Baum festgenagelt worden war, suchte mildernde Umstände für ihn und brachte sie vor, und verschwieg das, was die Strafe verschlimmert hätte! Das war so unerhört und kam so unerwartet, daß der Mensch überrumpelt wurde. Daß sein Opfer so großmütig handelte, ergriff sein fast erstorbenes Gewissen und trieb ihn auf der Stelle zum Bekennen. Als er gestanden hatte, half es dem anderen Übeltäter nicht, noch länger zu leugnen. Der war währenddessen in das Zimmer geführt worden, in dem Mons schon den vierten Tag nach seinem Tode als Leiche lag. Man meinte, der Vater müsse seinen Sohn ein einziges Mal sehen.

Mutter Ols und Helwig standen darinnen, als der Verbrecher hineingeführt wurde. Die Ähnlichkeit zwischen ihm und dem toten Kind war auffallend. Dieselbe Haarfarbe und dieselben Gesichtszüge.

Mutter Ols heftete ihre Augen auf den Mann.

„Das ist dein eigener Sohn, der da liegt," sagte sie.

Der Mensch ließ keine Bewegung merken. Tückisch stand er da und sah das Kind an, das er mittels eines Verbrechens ins Dasein gerufen hatte. Friedvoll lag Mons vor seines Vaters Augen im Sarg. Viel Schlechtes hatte er von ihm geerbt, aber das Erbe war jetzt von ihm genommen. Seine letzte Tat im Leben hatte das bewiesen.

„Er war außer Gott der einzige, der dein Verbrechen sah, und er holte Hilfe," erklärte Mutter Ols. „Er lief den weiten Weg hin und zurück so schnell, daß es ihm aufs Herz schlug. Dein Sohn gab sein Leben, um den zu retten, den du töten wolltest."

Ein gehässiger Blick flog aus des Verbrechers Augen erst auf Mons, dann auf Mutter Ols. Der Blick zeugte gegen ihn, und die, die ihn sahen, behielten ihn in ihrem Gedächtnis.

Als der Mann nachher erfuhr, daß der andere gestanden hatte, trat derselbe Blick nur noch haßerfüllter in seine Augen. Sein Leugnen wurde noch hartnäckiger, aber das half ihm nicht. Es kamen immer mehr und immer stärkere Beweise gegen ihn auf. Endlich bequemte er sich zum Geständnis und wurde zu einer viel härteren Strafe verurteilt als sein Kamerad, dem mildernde Umstände zugebilligt werden konnten.

43.

Helwig hatte es ernst gemeint, daß sie mit Ols an seinem Krankenbett getraut werden wollte. Aber sein Wille widersetzte sich dem ihren, und wie stark dieser auch sein mochte, so war der seine doch noch stärker.

„Wenn ich wieder gesund werde, dann – –. Aber nicht jetzt," sagte er.

Und dabei blieb er. Da setzte sie ihren ganzen Willen ein, um ihm zur Gesundheit zu verhelfen. Seine Gemütsverfassung gefiel ihr nicht recht.

„Ich merke dir gar nicht an, daß du entschlossen bist, am Leben zu bleiben," sagte sie mit aufmunternder Lebhaftigkeit.

„Dazu gehört kein Entschluß meinerseits."

„Weißt du nicht, wo du doch so viel mit Kranken zu tun hattest, wie wichtig es ist, daß die Kranken leben *wollen*?"

„Ich habe solche sterben sehen, die sich verzweifelt an das Leben festklammerten, und andere, die sich nach dem Tod sehnten, blieben am Leben. Aber am besten hatten es die, die in der Hand des Herrn starben."

Seine Ergebenheit regte sie auf. Sie schien ihr ein bedenkliches Zeichen der Schwäche zu sein. Wo war nun sein starker Wille und seine große Kraft, die sie immer geliebt und an denen sie immer Halt gefunden hatte? Verloren waren diese Gaben nicht, sie fühlte, daß sie immer noch von ihm ausstrahlten, aber sie waren nicht so angewandt, wie sie es wollte.

„Leben und Tod stehen natürlich in Gottes Hand, das weiß ich auch. Aber wir dürfen doch um alles beten, was wir wünschen. Bittest du nicht um Leben?"

„Ja, um das ewige Leben."

„Ich meine darum, gesund zu werden und länger hier leben zu dürfen?"

„Nein, darum bitte ich nicht. Das überlasse ich Gott ganz und gar."

Nun regte sie sich immer mehr auf. Sie hatte das Gefühl, als wäre sie mitten in einem heißen Kampf, und als hätte er sie unbarmherzig verlassen und ließe sie allein kämpfen.

„Wenn du nicht um dein Leben bittest, dann werde ich es tun. Ich will Gott keine Ruhe lassen. Ich werde ihn zwingen. Ich werde alle seine Versprechungen von Gebetserhörung aufsuchen und sie ihm vorlegen und ihn dadurch zwingen. Wenn ich noch nie gebetet habe, so werde ich es jetzt tun."

Ihr schönes Gesicht strahlte, von trotziger Zuversicht erleuchtet.

Er war weit auf dem Weg des Gebets gekommen. Nun betrachtete er sie wie einer, der nahe am Ziel ist und sich zu dem umwendet, der eben den Fuß auf den ersten Stein des Weges setzt und noch alle Geheimnisse zu durchwandern und zu erforschen hat. Er sehnte sich danach, ihr vorwärts zu helfen, – er hätte nichts lieber getan, als sie auf einmal dahinzustellen, wo er selber stand. So versuchte er seine Erfahrungen der Jahre, in denen er ein Gebetsleben geführt hatte, in wenig Worte zusammenzufassen.

„In dem Maße, wie unser Wille in dem unseres Vaters aufgeht, bekommen wir das, worum wir bitten."

In dem Augenblick, als die Worte ausgesprochen wurden, bedeuteten sie Helwig nicht viel. Sie nahm sie widerwillig an. Was nützt es, Gott nur um das zu bitten, was er will? Man betet doch wohl nur, das zu veranlassen, was man selbst will. Man fleht ihn an, damit er nachgibt, so glaubte sie.

Aber die Worte reiften in ihr nach. Ihre tiefe Wahrheit zwang sich ihr auf.

44

Helwig tat, wie sie gesagt hatte. Sie suchte Gottes Verheißungen der Gebetserhörung auf, legte sie ihm vor und betete bezwingend.

Bei jeder Verheißung, die sie fand, gewannen ihres Geliebten Worte an Bestätigung. Sie fing an zu ahnen, aus welcher Tiefe sie geschöpft waren. Sie versuchte, im Beten auszuharren, in der Meinung, es läge Kraft darin. Aber der Trotz, mit dem sie angefangen hatte, ließ mehr und mehr nach. Die Verheißungen der Gebetserhörung selbst zeigten ihr, daß das Gebet ein Heiligtum ist, und das erschütterte ihren Eigenwillen. Mit Trotz hineinzustürmen, hieße das Heilige schänden.

Sie konnte Gott nicht trotzen und sein Heiligtum stürmen wollen. Aber sie konnte es doch auch nicht lassen, für ihres Geliebten Leben zu beten.

So fuhr sie denn fort zu beten, aber der Eigensinn ließ nach. Sie betete flehend, angsterfüllt, denn sie schien keine Erhörung zu finden.

Es ging Ols schlechter.

Da mischte sich etwas Neues in Helwigs Gebet: der Zweifel. Sie zweifelte nicht nur an der Wirkungskraft ihres eigenen Gebets, sondern überhaupt an der Kraft des Gebets; denn es gab viele, die für ihren Pastor in Skalunga beteten, und doch ging es ihm schlechter, beständig schlechter.

Zweifelten die anderen Beter vielleicht auch, als sie diese Antwort auf ihre Gebete erfuhren? Helwig fragte Mutter Ols.

„Des Herrn Wille ist der beste," antwortete diese, und Ergebung lag in ihrem tränenvollen Blick.

Treu ging sie ihren Geschäften nach, treu in ihrer unermüdlichen Fürsorge, ruhig und ergeben, und bereit, des Herrn Willen hinzunehmen, wie er sich auch zeigen mochte. Ob sie betete? Gewiß betete sie, ohne Aufhören. Aber um was? Nicht um etwas Bestimmtes, das Gebet ist mehr als ein Bitten. Sie betete um den Herrn selbst, daß er kommen möchte und ihnen allen nahe sein bei dem, was bevorstand.

Helwig starrte auf die unfaßbare, großartige Ergebenheit. Sie durfte es miterleben, wie eines Menschen Wille in dem Gottes aufging. Davon hatte Erik gesprochen. Jemand, dessen Wille so gänzlich in dem des Vaters aufging, wie es bei Mutter Ols der Fall war, mußte doch das empfangen, um was er betete. Sie bat, daß der Herr selbst kommen und ihnen allen nahe sein möchte. Also mußte er selbst kommen, er war vielleicht schon da.

Ein Beben durchfuhr Helwig.

Sie sah Mutter Ols und ihren Sohn bereit, dem Herrn zu begegnen.

Aber sie selbst? Ohne Überlegung war sie hierhergestürzt, um das Glück an sich zu reißen, das sie von sich gestoßen hatte. Nun kam der Herr, um es ihr zu nehmen und sie mit leeren Händen zurückzulassen.

Alles, was bisher ihr Leben erfüllt hatte, hatte seinen Wert vor dem Mann, den sie liebte, verloren. Und jetzt sollte er ihr genommen werden!

45.

Helwig hatte eine innere Erleuchtung. Der kritische Geist, der in ihrer Seele wohnte und immer bereit war, mit höhnischem, eiskaltem Blick jedes tiefere Gefühl, das sich ihrer bemächtigen wollte, zu ertöten, war verwandelt. Die Liebe war ihm zu stark geworden. Der kritische Geist selbst war nicht vertrieben, aber der Hohn seines Blickes und die Eiseskälte war bei der Verwandlung zu innerer Klarheit geworden.

Die zeigte Helwig jetzt ein Entweder-Oder, das wie ein Verhängnis über ihrer Zukunft geschrieben stand. Entweder würde der Mann, den sie liebte, ihr durch seinen Tod großen Schmerz bereiten, oder, wenn er am Leben bliebe, würde sie die vielen Sorgen einer Hausfrau auf sich nehmen müssen, die ihrer Natur sehr entgegen waren.

Mit ihrer Künstlernatur paßte sie besser zur großen Trauer als zu den vielen Sorgen. Erstere würde sie in höhere Sphären versetzen und sie schließlich zu einem ganzen Menschen machen, die letzteren könnten ihr unerträglich werden.

Die Liebe würde aber doch in jedem der beiden Fälle bleiben, entweder als Beseelung der großen Trauer, oder als tragende Kraft der vielen Sorgen. In letzterem Fall würde sie aber auf die Probe gestellt und vielleicht verzehrt werden, während sie im ersteren durch und durch idealisiert werden würde.

Helwigs ganzes Wesen streckte sich nach dem, den sie liebte, um ihn festzuhalten. Aber in jener Klarsicht fragte sie sich, ob sie nicht noch mehr Gefahr liefe, ihn in den vielen aufreibenden Kleinlichkeiten des Alltagslebens als in der großen Trauer zu verlieren.

Sie betete beständig um sein Leben, aber jene Frage lag doch während des Gebets in ihrem Herzen. Und sie wurde stiller und weniger trotzig. Dadurch wurde das Gebet aber nicht matter, im Gegenteil nahm es an Kraft zu. Sein Weihrauch stieg immer gerader auf, und ein neuer Duft, der echte, machte sich darin bemerkbar.

„Ich sehe nicht, was das Beste ist. Ich kann nicht wählen. Ich bete für den, den ich liebe. Mache ihn glücklich, selig. Du siehst am besten, wie das geschehen kann."

So betete sie. Und immer weniger Worte hatte ihr Gebet und immer kräftiger wurde es, je mehr und inniger sie für den Geliebten betete. Zuletzt ergoß es sich in drei Worten, Worte, die nur im Allerheiligsten ihres Herzens zu hören waren: Dein Wille geschehe!

46.

Es wurde Abend. Helwig saß an der Orgel im großen Zimmer und sang: „Wo ist der Freund, den überall ich suche?"

Ols Erik hatte sie gebeten, dies Lied zu singen. Die Türen standen bis in sein Krankenzimmer weit offen, so daß er jedes Wort hören konnte.

Er hatte mit ihr davon gesprochen, wie er sie einmal das Lied hatte singen hören, und wie ihn das bestimmt hätte, sich als Seelsorger nicht von ihr zurückzuziehen, weil er als Mann ihr gegenüber schwach war.

Damals hatte ihr Gesang ihn gezwungen, im Ernst an ihr Suchen zu glauben.

Auch sie besann sich noch gut darauf. Damals war ihre Andacht mit irdischem Liebesverlangen vermischt gewesen. Obgleich die Liebe seitdem zugenommen hatte und sie noch mehr als damals beherrschte, war doch ihre Andacht jetzt reiner. Es war jetzt nicht mehr der irdische Mann, den sie überall suchte und dessen Spur sie sah, wo auch immer sich eine Kraft rührte. Sie hatte ihn gefunden und war mit ihm vereint in einer Liebe, stärker als der Tod. Zusammen mit ihm, in seinen Fußtapfen, suchte sie den Unsichtbaren.

Sie hätte sich nie vorstellen können, daß sie imstande sein würde, in einem Augenblick wie diesem zu singen. Aber sie konnte es, denn sie fühlte sich von derselben Kraft gehoben und getragen, die ihren Geliebten dort drinnen beseelte. War es die Kraft des Unsichtbaren? War es die Nähe des Herrn, um die seine Mutter bat?

„Öffnet euch, ihr Himmelstüren,
Tu dich auf, du schönes Tor!
Jesus wird dich bald heimführen
Zu der Auserwählten Chor."

Helwig sang dem, der drinnen lag, von seinem seligen Tod.

Sie hörte jemand schluchzen, aber sie selbst konnte mit fester Stimme singen.

Helwig und Ols' Mutter waren nicht allein bei ihrem Kranken. Nicht nur der junge Doktor und Mutter Karin waren mit ihnen am Krankenbett, auch die Gemeindeglieder gingen im Krankenzimmer aus und ein. Alle die vielen, denen Ols geholfen hatte, hielten sich gern in der Nähe des Pastorats oder im Pfarrhaus selbst auf, so oft ihr Tagewerk es zuließ. Jetzt hätten sie gern helfen mögen, aber was vermochten sie? Sie mußten sich damit begnügen, ihren Ols zu sehen, mit ihm, wenn sie durften, zu sprechen, in seiner Nähe zu sein und mit ihm zusammen auf den Herrn zu warten.

Alle wollten ihn behalten, aber er hatte soviel zu leiden, daß sich kein einziger in seiner Umgebung fand, der sich nicht in der Bitte beugte: „Dein Wille geschehe!“

Der Tag war trübe gewesen. Aber am unteren Wolkensaum weit im Westen war ein heller Streifen. Der nahm an Klarheit zu und leuchtete in Licht und Farben, während sich die untergehende Sonne, die noch hinter den Wolken verborgen war, dem Horizont näherte. Der leuchtende Lichtstreif dort unter den Wolken beseligte das menschliche Gemüt; denn er erschien wie ein Abglanz der Ewigkeit und all des Unausgesprochenen, auf das man hofft.

„Unter den Verklärten leben,
In der oberen Gemein'
Stets vor seinen Augen schweben.
Was für Wonne wird das sein!“

Wenn Helwig die Worte früher gesungen hatte, so war es mit einer unklaren Vermischung irdischer Sehnsucht und himmlischer Ahnung geschehen. Nun sang sie sie dem dort drinnen als lebendige Wirklichkeit vor, besang die selige Begegnung zwischen dem treuen Diener und dem über alles geliebten Herrn.

Jemand rührte leise an Helwigs Arm.

Da stand Mutter Ols still und feierlich.

„Komm herein!“ sagte sie leise.

Helwig stand auf. Wurde sie nun hineingerufen, um den Ritterschlag der Trauer zu empfangen?

In dem Augenblick wurde sie von einem Lichtstrom überflutet. Die Sonne war tiefer gesunken, schien unter dem Saum der Wolken hervor und erleuchtete sie so, daß sie in Farbenpracht erglühten und ihren Widerschein über der ganzen waldesdunkeln Landschaft mit dem der Sonne vermischten. Die Baumwipfel glühten, jeder Zweig brannte in Farbenglanz.

Der Schein fiel warm über eine kleine Gruppe Leute, die den Weg an der Kirche vorbei auf das Predigerhaus zu kamen, um zu hören, wie es ihrem Ols ging. Ihre ernsten Gesichter erhellte ein Schein wie von Hoffnung, als die Sonne so plötzlich hervorbrach und ihren Glanz über sie ergoß. Es war aber eine ergebene Hoffnung, die alles dem Vater im Himmel überläßt, die Flügel hat, um über den größten Schmerz hinwegzuhelfen und die einer Ruhe in der anderen Welt harrt. Helwig blickte auf und erfaßte alles mit einem Mal, als sie sich nun erhob, um dem Ruf zu folgen und zu dem Geliebten hineinzugehen. Ihr Herz war ebenso bereit wie das der anderen, die sich auf dem Wege näherten. Ruhige Hoffnung und feste Zuversicht beseelten auch sie. Sie trat ins Krankenzimmer.

Selbst hier leuchtete die Lichtflut herein, und ihr glühender Schein erhellte das reglose Gesicht, das aller Blicke auf sich zog in der großen, strahlenden, ernsten Stunde.

Es war Sonnenuntergang in Skalunga.

47.

Es war Sonnenuntergang in Skalunga.

Der Tod nahte in seiner Majestät. Alle beugten sich vor ihm, und der Sterbende begrüßte ihn gefaßt und bereit. Nacht und Tag und wieder Nacht, und immer noch hielt die Krisis an. Man erwartete nichts anderes, als daß der starke, gequälte Körper Ruhe im Todesschlaf finden würde, und es verlangte sie alle zu sehen, wie sich der Friede des Todes über die schmerzerfüllten Züge breitete. Als der Sterbende endlich einschlief, wagte man darum nichts anderes zu hoffen, als daß der natürliche Schlaf in den des Todes übergehen möchte. Man saß lautlos um das Bett und lauschte darauf, daß der Atem matter werden und aufhören würde.

Eine Stunde nach der anderen verging, und immer noch blieb der Atem und wurde immer ruhiger und regelmäßiger.

Als sich die Sonne am dritten Morgen über die Höhen von Skalunga erhob und das Kreuz auf der Kirchturmspitze vergoldete, fing eine stille

Hoffnung an, sich in den Herzen zu regen, die sich schon auf alles gefaßt gemacht hatten. Noch wagte sich die Hoffnung nicht hervor, sondern brannte leise in der Brust wie eine eben angezündete Flamme.

Man sprach gedämpft und schlich auf den Zehen. Aus aller Herzen klang immer noch die Bitte: „Dein Wille geschehe," obgleich die Ergebung in dieser Bitte von aufsteigendem Jubel erfüllt war.

Der Tod zog vorüber. Es schien, als wäre ein Engel Gottes vorübergegangen.

Ols schlug die Augen auf. Zuerst sah er niemand an, sondern blickte geradeaus, als erwarte er etwas.

Dann kam er wieder ganz zu sich und wandte den Blick.

Helwigs Augen grüßten die seinen, und er blickte tief hinein. Was er sah, war eine neue Welt, aber eine andere, als er erwartet hatte. –

Er hatte geglaubt, er würde sich in den Tod hineinschlafen, fand sich aber beim Erwachen immer noch auf Erden. Er hatte himmlische Herrlichkeit und Engelsgruß erwartet, aber das, was seinem Blick begegnete, war das Gesicht eines Weibes, und die Augen eines Weibes grüßten ihn. Wie bekannt ihm auch die Augen waren, so schien ihm doch, als habe er sie noch nie gesehen, denn ihr Ausdruck war verändert. Als er ihrem Blick begegnet war, hatte Helwig die am tiefsten eindringende Erfahrung ihres Lebens gemacht. Dem Tod hatte sie ins Angesicht gesehen, ihren eigenen Willen hatte sie aufgegeben. Dem Willen Gottes hatte sie ihr Liebstes geopfert. Und nun wurde es ihr zurückgegeben. Sie war niedergekniet, um den Ritterschlag der Trauer zu erhalten. Nun empfing sie die ernste Gabe der Liebe, aber sie brachte ihr nicht die große Trauer, sondern die vielen Sorgen.

Auch jetzt sagte sie: „Dein Wille geschehe!" Doch ihre stille Ergebung wandelte sich in bebende Freude, und das heiße Verlangen beseelte sie, sie möchte ihren neuen Aufgaben gewachsen sein.

CPSIA information can be obtained
at www.ICGtesting.com
Printed in the USA
LVHW061942190222
711544LV00013B/837